Chihiro Tsukada

塚田 智宏

「ビジネスと人権」

Business and Human Rights

と人権」

基本から実践まで

商事法務

は し が き

　「あなたが着ている服は、強制的に労働させられている人々によって作られていないか」。「あなたが買ったチョコレートの原料（カカオ）は、児童労働によって収穫されていないか」。

　「ビジネスと人権」（business and human rights）。世界中で、議論がさらに活発化している。2011 年に「ビジネスと人権に関する指導原則：国際連合『保護、尊重および救済』枠組実施のために」（「国連指導原則」）が国連人権理事会において全会一致で支持され、以降、欧米を中心として、「ビジネスと人権」に関する法規制が検討・施行され、企業は対応に迫られている。日本政府は、2022 年、「責任あるサプライチェーン等における人権尊重のためのガイドライン」（「人権尊重ガイドライン」）を策定し、2023 年、公共調達において同ガイドラインに沿って取り組むことを要請する方針を決定した。「ビジネスと人権」は、各国の共通言語になりつつある。

　他方で、法規制やガイドラインが存在する国々においても、企業に求められる取引の内容は画一的ではなく、企業は、自らの所属する業界やビジネスの態様を踏まえて、どのような取組が適切であるかを検討し、実践することが求められる。「ビジネスと人権」には、「これをやっておけば問題ない」というような「正解」が存在しないのである。

　正解のない世界では、より多くのステークホルダーの理解を得られる、「合理的な」努力が求められる。「合理的な」努力をどのように考え、実践し、説明していくか、企業やその実務担当者の悩みは尽きない（そもそも、人権尊重の取組のために人的・経済的資源を投下することへの理解が得られない場合もある）。本書は、特に実務担当者の悩みや不安に寄り添うことを目指して、人権尊重ガイドラインをベースとしながら[1] **図表**のように構成を組み立て、「ビジネスと人権」について説明することとした。

　まず、なぜ企業に人権尊重の取組が求められているか、また、なぜ企業は積

---

1) 人権尊重ガイドライン 1.1 項が示唆するとおり、必要に応じて国連指導原則を参照すべきであるが、本書では、わかりやすさの観点から、人権尊重ガイドラインを説明の中心に据えている。

図表：本書の全体像

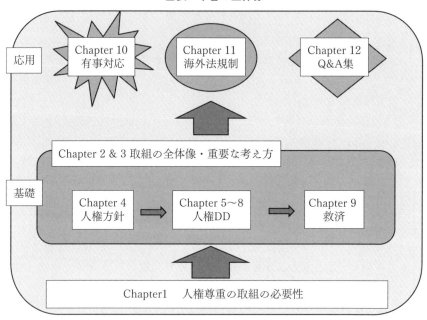

極的に取り組むべきかを説明する（Chapter 1）。これら「なぜ」への理解は、取組を進める前提となる。その上で、人権尊重ガイドライン・国連指導原則を中心に据えて、豊富な実例とともに、企業に求められる取組や留意点（基本）について、本書のみで適切な理解を得られるようわかりやすく解説することを試みる（Chapter 2 ～ Chapter 9）。そして、応用として、外部から人権侵害を指摘された「有事」の際に求められる対応（Chapter 10）や様々に異なる海外法令への対応を念頭において取組の進め方（Chapter 11）を検討するほか、実務担当者が抱きがちな疑問に方向性を示すことができるよう試みる（Chapter 12）。

　本書の内容は、筆者が弁護士または公務員として活動してきた中で得た知見・経験に基づくものである[2]。特に、これまでに筆者が弁護士として関与させていただいたクライアントの皆様、公務員として関わりを持たせていただい

2）ただし、本書の内容は、筆者の現在または過去のいかなる所属組織の見解でもなく、筆者個人の見解である。

た関係者の皆様、また、本書の企画から出版に至るまで多大なるサポートを頂戴した商事法務の皆様（特に浅沼亨氏、大槻隼人氏）、さらには、貴重な余暇の時間を執筆に費やす私を温かく見守ってくれた妻、娘、両親をはじめとする家族に、心からの感謝を申し上げたい。

本書の出版を通じて筆者が受領する利益は、その全額を、国内外において子どもの権利を守るために活動する認定 NPO 法人 ACE に寄付する。日本においても「子どもの貧困」が問題視されて久しいが、貧困の責任を個人や家庭に問う声も大きい。「勝ち組」「負け組」といった言葉もそうした社会の雰囲気を助長している。しかし、子どもが生まれてくる国や家庭を選べないように、自らの力で選び取ることはできない無数の条件によって、一人ひとりの人生が大きく形作られているはずである。

私自身、自分よりも子どもの意思を優先しその挑戦を全力でサポートしてくれる両親の下に生まれていなかったならば、本書を出版することはおろか、そもそも司法試験に合格することもできなかったであろう。妻・娘の協力や理解を得られなかったならば、執筆活動ができる健康状態でなかったならば、弁護士または公務員として素晴らしい上司・同僚に恵まれていなかったならば。想像し切ることもできないほど無数の、私には左右できない幸運の上に、私は日々生かされている。

一人の人間が世の中を大きく変えることはできない。しかし、一人ひとりの小さな努力にも、小さいながらも意味があることもまた事実であると信じている。各々が「それぞれにできること」を「できる範囲」で実践することで、世の中は、少しずつだとしても、着実に良くなっていくはずである。そう願いながら、これからも、私ができることを一つずつ実践していきたい。

2024 年 3 月

塚田　智宏

CONTENTS

Chapter 1
はじめに

元来、国家との関係で語られてきた「人権」が、企業による事業活動の文脈で「ビジネスと人権」（business and human rights）として語られるようになった。この背景には、事業活動において十分に人権が尊重されなかった歴史がある。そうした歴史を繰り返さないように取組が求められるが、人権を尊重することは企業に関係する様々なリスクを抑制するとともに、企業価値をも向上させるものでもある。

1 「ビジネスと人権」の成り立ち

(1) 身近な「人権」

　今の日本社会では、人権が私たちの生活にどのように貢献しているか、実感を持たない人がほとんどかもしれない。しかし、「人権」は、紛れもなく、**私たちの日常生活の「当たり前」を根本から支える最も重要な「インフラ」の一つで**ある。

　たとえば、自らの思いや考えを好きなように SNS で発信する（憲法 21 条：表現の自由）。自らの望む職業に就く（憲法 22 条：職業選択の自由）。そして、自らの選んだ場所に住む（憲法 22 条：居住移転の自由）。どれも、今日の日本社会では「当たり前」のことだ。こうした一つひとつの日常が「人権」によって保障されていることに思いを致す必要がない世界に、幸運なことに私たちの多くは生きている。

　世界に目を向ければ、こうしたことが「当たり前」ではないことが容易に理解できる。報道によれば、ロシアでは、人々は、戦争に反対する考えを公に発

図表 1-1：ジェンダー・ギャップ指数[1]（2023）の概要

順位	国　名	値[2]
1	アイスランド	0.912
2	ノルウェー	0.879
3	フィンランド	0.863
6	ドイツ	0.815
15	英国	0.792
30	カナダ	0.770
43	米国	0.748
105	韓国	0.680
107	中国	0.678
125	**日本**	**0.647**

（出典）内閣府男女共同参画局　ウェブサイト

信することができず、強制的に戦争に従事させられ、国外に脱出することもできない。ロシアは戦争中の特異な状況にあるという面はもちろんある。

　しかし、国内の身近な場面でも「人権」が侵害されていることは明らかである。「パワハラ」や「セクハラ」、過度な長時間労働は、日常的に耳にするものであるが、人権侵害の典型例である。各国における男女格差を測る世界経済フォーラムの「ジェンダー・ギャップ指数」（2023年）で、日本は146か国中125位と先進国の中で最低レベルであり（**図表1-1**）、特に女性の人権に対する懸念が生じる。

1）なお、日本は、ジェンダー開発指数（人間開発の3つの基本的な側面である健康、知識、生活水準における女性と男性の格差を測定し、人間開発の成果におけるジェンダー不平等を表す）では76位（2022年）、ジェンダー不平等指数（リプロダクティブ・ヘルス（性と生殖に関する健康）、エンパワーメント、労働市場への参加の3つの側面における女性と男性の間の不平等による潜在的な人間開発の損失を映し出す指標）では22位（2022年）とされている。

2）「経済」「教育」「健康」「政治」の4つの分野のデータから作成され、0が完全不平等、1が完全平等を示している。

(2) 企業と人権の関わり

　「人権」は、歴史的に見れば、前記（1）（p.1）のように市民が国家から自らの権利・自由を守るものとして語られてきた。

　しかし、企業が社会において果たす役割が増すにつれ、企業が人権を侵害する場面が増加してきた。たとえば、先進国の企業が製品の製造を委託する発展途上国の企業において、児童が労働させられていたといった事例が典型的である。

　日本も例外ではなく、企業の事業活動が人々の生活や生命（人権）をも現実に脅かしてきた典型例として、四大公害病が挙げられる（**図表1-2**）。

図表1-2：四大公害病の概要

病名	原因	症状
水俣病	● 熊本県、新潟県でそれぞれ発生。工場排水に含まれていたメチル水銀等が海や川に排出され、食物連鎖を通じて魚などに濃縮・蓄積し、これを食べた住民が被害を受けた。	● 手足の先端にいくほど、強くしびれたり、痛覚などの感覚が低下する、秩序だった手足の運動ができない、言葉がうまく話せない、筒を通して見るように視野の周りが見えないなど。 ● 重症者では、狂躁状態、意識障害を示し、死に至る場合もある。
新潟水俣病		
イタイイタイ病	● 工場から排出されたカドミウムが神通川の水や流域を汚染し、この川水や汚染された農地に実った米などを通じて体内に入ることで引き起こされた。	● 腰や肩、ひざなどの痛みから始まり、症状が重くなると骨折をくり返すようになるのが特徴。 ● 全身を襲う痛みの中、ついに一人では動けなくなって寝こんでしまい「イタイ、イタイ」と苦しみ、食事も取れずに衰弱しきって死を迎える。

四日市 ぜんそく	● 三重県四日市市の石油化学コンビナートの本格稼動に伴い、大気汚染物質（主として硫黄酸化物）の排出により大気が汚染され、近隣住民にぜん息等の健康被害を引き起こした。	● 近隣住民にせきが出る、たんが出る、さらにはぜんそく等の閉塞性肺疾患の症状を訴える人が多発した。 ● 症状の辛さなどから自殺する人も出る深刻な事態となった。

（出典）「新潟水俣病のあらまし〔令和元年度改訂〕」（新潟県）、「四日市公害のあらまし」
（四日市市）および富山県のウェブサイト等より作成

（3）　国連指導原則の誕生

　こうした時代背景の中で、国連では、2003 年、人権促進保護小委員会が「超国家企業及びその他の企業の人権に係る責任に関する規範」を人権委員会（のちの人権理事会）に提出した。同規範は、企業に対して、国内法のみならず国際法で認められた人権についても、その活動と影響力の範囲において促進・尊重等する義務（obligation）を課そうとするものであった。しかし、企業に拘束力ある義務を設けることを提案する点で熱烈にこれを支持する人権擁護団体と、国家に属すると考えられている義務を企業に移転することに激しく反対するビジネス社会との間に、深刻な軋轢を生み出す論争を引き起こし、結果として、人権委員会で支持者を得ることができなかった[3]。

　そして、2005 年、後に国連指導原則の案文を作成することとなるジョン・ジェラルド・ラギー氏（ハーバード大学教授）が、「人権と多国籍企業およびその他の企業の課題に関する国連事務総長特別代表」に任命され、2008 年、同氏は「『保護、尊重及び救済』の枠組み」を提案した。同文書は、国家の人権保護義務を明記する一方で、**企業には、義務（obligation）ではなく人権尊重の責任（responsibility）を課す**こととした。同枠組みは、人権理事会に全会一致で歓迎（welcome）されたほか、各国政府、企業と業界団体、市民社会そして労働者組織、国内人権機関、投資家に支持され、採用されてきた（国連指導原則序

3）ジョン・ジェラルド・ラギー（東澤靖・訳）『正しいビジネス　世界が取り組む「多国籍企業と人権」の課題』（岩波書店、2014）3 頁。

文第 7 項）。

　人権理事会は、ラギー氏の任期を延長するとともに、枠組みを「運用できる
ようにする」こと、すなわち、枠組みの実施のための具体的かつ実行可能な勧
告を出すことを求めた（国連指導原則序文第 9 項）。そして、2011 年、ラギー氏
の提出した国連指導原則は、日本も参加国として含む人権理事会において、全
会一致で支持された。こうした経緯の下で、国連指導原則は、国家の人権保護
義務に加えて、企業の人権尊重責任をも明記するに至った。

　国連指導原則は、ビジネスと人権に関して国家・企業に求められる取組を 3
本の柱に分けて記述している（**図表 1-3**）。

図表 1-3：国連指導原則の概要

> **第 1 の柱　国家の人権保護義務**
> ・一般的な国家の規制及び政策機能
> ・紛争影響地域において企業の人権尊重を支援すること
> ・政策の一貫性を確保すること
>
> **第 2 の柱　企業の人権尊重責任**
> ・方針によるコミットメント
> ・人権デュー・ディリジェンス
> ・是正
>
> **第 3 の柱　救済へのアクセス**
> ・国家基盤型の司法的メカニズム
> ・国家基盤型の非司法的苦情処理メカニズム
> ・非国家基盤型の苦情処理メカニズム

（出典）国連指導原則より作成

② 求められる「ビジネスと人権」

　こうして国連指導原則が誕生し、以降、欧米を中心に様々な施策が展開され
てきており、日本政府も取組を強化している。

　日本政府は、2020 年、国連指導原則の着実な履行を目指し、「『ビジネスと
人権』に関する行動計画（2020 – 2025）」を策定した。2021 年には、経済産業
省と外務省が共同で、上場企業等を対象に、「日本企業のサプライチェーンに
おける人権に関する取組状況のアンケート調査」を実施し、その結果、回答企
業の約半数からガイドライン策定の要望が示された。こうしたことを受けて、

図表 1-4：日本政府の主な取組

年	出来事
2011 年	● 国連人権理事会において、国連指導原則が全会一致で支持される。
2015 年	● G7 エルマウ・サミット首脳宣言において、指導原則を強く支持し、また国別行動計画を策定する努力を歓迎する旨が言及される。
2017 年	● G20 ハンブルク・サミット首脳宣言において、G20 各国による「ビジネスと人権に関する国別行動計画」等の政策的な枠組みの構築が求められる。
2020 年	● 日本政府、「『ビジネスと人権』に関する行動計画（2020－2025）」を策定。
2021 年	● 外務省、「ビジネスと人権」に関する取組事例集を公表。 ● 法務省、「ビジネスと人権に関する調査研究」報告書を公表。 ● 経済産業省、外務省と連名で「日本企業のサプライチェーンにおける人権に関する取組状況のアンケート調査」を実施。
2022 年	● 日本政府、「責任あるサプライチェーン等における人権尊重のためのガイドライン」を策定。
2023 年	● 日本政府、政府調達において「責任あるサプライチェーン等における人権尊重のためのガイドライン」に沿って取り組むことを要請する方針を合意。 ● 経済産業省、「責任あるサプライチェーン等における人権尊重のための実務参照資料」（「実務参照資料」）を策定。 ● 農林水産省、「食品産業向けの『ビジネスと人権』に係る手引き」を策定。 ● 厚生労働省、「国内の労働分野における政策手段を用いた国際課題への対応に関する検討会」を開催。

　経済産業省は、2022 年 3 月、「サプライチェーンにおける人権尊重のためのガイドライン検討会」を立ち上げて検討を進め、2022 年 9 月、日本政府は人権尊重ガイドラインを策定するに至った。近時の日本政府の主な取組を**図表 1-4**にまとめている。

　日本政府も様々な施策を打ち出す一方で、企業による取組の意義や必要性についての理解は十分に浸透していない。特に、「なぜ企業が人権を尊重しなければならないのか（国家の役割ではないか）」、「人権尊重は企業にとってコスト

でしかないのではないか」といった疑問は、多く寄せられる。

人権尊重の取組へのより広い支持を得るためには、これらの疑問に丁寧かつ説得的に回答し、**持続可能なビジネスのために取組が必須であるとの理解を得ることが極めて重要**である。

(1) 今、なぜ企業による人権尊重が求められるのか

なぜ、企業は人権を尊重しなければならないのか。こうした問いかけに、「人権は尊重されなければならないものであるから」、「国連指導原則が企業の人権尊重責任を明記しているから」と回答することは、容易であり正しい。

自らの親や子が、企業によって強制的に労働させられる場面を具体的に想像できるなら、誰しも、取組の必要性は容易に理解できるかもしれない。しかし、人権侵害リスクが海外の、自社から遠い関係取引先の話になると、上記のような説明は必ずしも理解や納得を得られない。「正しい」説明が取組を前進させる際の障壁になっている可能性もある。

そこで、人権の重要性を大前提としつつも、誤解を恐れず、経営の視点からの重要性にも光を当てたい。すなわち、**「持続可能なビジネスのため」**に人権尊重の取組を進める必要がある**という点である。

2013年に起きた「ラナ・プラザ崩壊事故」。多くの人が、今なお心を痛める事故であろう。「世界の縫製工場」との異名を持つバングラデシュの首都ダッカ近郊の縫製工場等が入った8階建てビルが崩落し、数千人の死傷者・行方不明者が出た。同国での安価な人件費ゆえに様々な先進国の企業が同地に進出しており、この縫製工場は、先進国のアパレル企業向けの洋服の縫製業務を行っていたとされる（**図表 1-5**）。

現地の縫製工場では、劣悪な労働条件の下で労働者が搾取されていた可能性があることや、ビルの所有者が5階以上を違法に建て増しておりビル崩壊の危険に気づきながら放置し、機械などの重さに耐えられず崩壊した可能性があることも報道されていた[4]。倒壊現場での救出作業の様子を捉えた写真は、いかに悲惨な事故であったかを雄弁に物語る（**図表 1-6**）。

もちろん、崩壊事故の直接の責任は、縫製工場やそのビルの責任者が問われ

4）日本経済新聞「バングラデシュの工場崩落、抗議拡大　日系に飛び火」（2013年4月28日）。

図表1-5：ラナ・プラザ崩壊事故に関係する企業の関係イメージ図

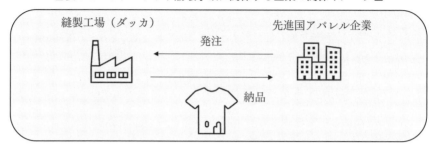

縫製工場（ダッカ）　　　　　　　　先進国アパレル企業

発注

納品

（出典）各種公表資料より作成

図表1-6：倒壊現場での救出作業の様子を捉えた写真

（出典）時事ドットコム「バングラデシュでビル倒壊　写真特集」

るべきであろう。また、違法な増築がされていたとすれば、同国・地域の政府
が倒壊事故を防ぐことができなかったのかという疑問も生じる。他方で、この
縫製工場に業務を発注していた企業はどうか。あくまでも業務を発注していた
だけであり、縫製工場への関与は間接的ではある。しかし、発注者として縫製
工場の労働者の作業環境を確認したり、懸念を訴える労働者と対話を行ってい
たりしたならば、事前に建物の危険性を認識することは可能であったかもしれ

ない[5]。

　コスト削減のみを追求すれば、どのような発注先の労働者がいかに危険な作業環境にあろうが、低コストで業務を発注し続ければよい。しかしそれは、持続可能ではない。明日倒壊するかもしれないビルの中で、安心して働き続けることができる労働者はいない。そうした**持続可能ではないサプライチェーンで自社の製品を生産することは、後述するような極めて大きなリスクをはらむ**。企業は、こうした自社にとってのリスクを軽減しながら、「持続可能」なサプライチェーンを構築できるのである。

(2)　人権尊重は、リスクを抑制する

　人権尊重の取組にコスト（費用）がかかることは、事実である。しかし、人権尊重の取組を行わないことは、より大きなコストのリスクを先送りすることと同義であるといえる（**図表 1-7**）。

　「ラナ・プラザ崩壊事故」で倒壊したビルに入る縫製工場に発注していた企業を例に、事故により生じ得るコストについて考えてみたい。まず、その縫製工場は少なくとも**一定期間稼働できなくなり、生産される製品を販売することができなくなる**ことは確実である。加えて、労働者の安全や権利が軽視された結果としての事故は、**労働者による争議行為（ストライキ）等の抗議活動に発展する可能性**もあり、その理由から工場が**操業停止に追い込まれる事態が生じる可能性**もある。これらの**操業停止によって生じる逸失利益**（工業が操業していたならば生産することができた製品を販売することによって得られたであろう利益）は莫大になり得るのみならず、このような**紛争を解決するための人件費**も相当に大きいだろう（**図表 1-7 の①**）[6]。

5）もちろん、第三者による監査等で未然に事故を防ぐことができたとは言い切れない。現に、報道によれば、「ラナ・プラザ」で操業していた一部の衣料品工場は、国際労働・安全基準監査を受けており、工場内の安全性はチェックされていたものの、工場が入っている建物の安全性の評価は行われていなかったとされている（ウォール・ストリート・ジャーナル日本版「バングラデシュ倒壊ビル、建築許可なし」（2013 年 4 月 26 日））。

6）ラギー・前掲書注 3）191 頁は、利害関係者に関連するコストが「経営陣や取締役会の注意を促すような一つの範疇には集計されなかった」例に言及した上で、「おそらく単一でもっとも見過ごされたコストは、地域社会との紛争を管理するために充てられたスタッフの時間だ」と指摘する。

図表 1-7：企業を取り囲む人権関連リスク

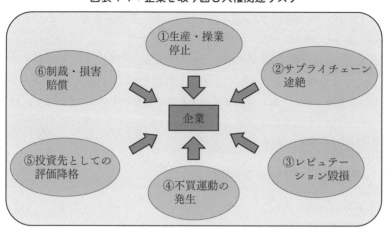

　また、代わりのサプライヤーを探し、契約を締結し、安定的な供給につなげるまでのコストも小さくないだろう（図表 1-7 の②）。さらに、自社（発注者）の製品を製造するために危険な作業環境下において業務に従事し、その結果として労働者が死傷した事実から、ブランドイメージの毀損は避けられない（図表 1-7 の③）。特にグローバル企業であれば世界各地で不買運動が展開される可能性もある（図表 1-7 の④）。

　さらに、こうした企業価値の毀損を受けて、投資家から投資先としての評価を下げられたり、場合によっては、投資を引き揚げられたりするリスクも考えられる（図表 1-7 の⑤）。「ビジネスと人権」の法規制の適用を受ける場合には特に、サプライチェーン上での人権侵害であっても、法的責任を問われる可能性がある（図表 1-7 の⑥）。

　このように、発注企業は、ビルの倒壊事故により直接の経済的損失を被らない場合であっても、有形無形のコスト・リスクを被ることになる。

　確かに、これらのコストは発生しないかもしれない。発生したとしても規模が小さいかもしれない。しかし、世界でも先進的な人権尊重の取組を進める企業の中には、かつてサプライチェーンにおける人権侵害を批判され、改善に努めてきた企業も多い。このことは、人権尊重に取り組まない潜在的なリスクの大きさを示唆している。

人権を尊重するためのコストは、小さくないかもしれない。しかし、そのコストは、より大きな損失の発生を未然に防ぎ得るものである。人権尊重は、コストを最小限に抑えるためにも必要である。

(3) 人権尊重は、企業価値を向上させる

前記（2）（p.9）のとおり、人権尊重の取組は、事業活動の中で現実化し得る企業経営にとってのリスクも軽減していく。このこと自体がリスクを低減して企業の持続可能性を高めるものであり、企業価値の向上につながるといえる（人権尊重ガイドライン 1.2 項）。

他方で、こうした人権侵害リスクの低減という文脈を離れてみても、人権尊重の取組は、たとえば、**多様性や生産性**[7]**を確保するための土壌を整備する**意味を持ち、その結果として最終的には企業価値の向上にもつながるといえる。

たとえば、人権尊重ガイドラインにも示されているように、「人種、障害の有無、宗教、社会的出身、性別・ジェンダーによる差別からの自由」は、尊重されるべき人権の一つである。しかし、今日の日本社会においてもなお、外国人や LGBTQ と呼ばれる性的少数者が差別の対象となる場面が残念ながら少なくない。こうしたマイノリティの人権を尊重することは、職場の多様性を確保するための環境を築くことになる。

また、人権を尊重することは**心理的安全性（Phycological safety)**[8]**の向上にもつながる**。Google の研究は、効果的なチームにとって真に重要なのは、「誰がチームのメンバーであるか」よりも「チームがどのように協力しているか」であるとし、チームの効果性に影響する最も重要な因子として、心理的安全性を挙げた（**図表 1-8** 参照）。パワハラ・セクハラは、それ自体、被害者の人権を侵害する行為であり行われてはならないことはもちろんであるが、同時に、被害者に加えその他のチームメンバーを萎縮させるなど、心理的安全性を大きく害す

---

7) ILO および公益財団法人東京オリンピック・パラリンピック競技大会組織委員会作成の「東京 2020 大会パートナー企業ディーセント・ワーク推進に関する取組事例集」においても、生産性の向上が言及されている。

8) ハーバード大学のエイミー・エドモンドソン教授が提唱した概念とされる。Google の研究では、「心理的安全性」を、「対人関係においてリスクある行動を取ったときの結果に対する個人の認知の仕方、つまり、『無知、無能、ネガティブ、邪魔だと思われる可能性のある行動をしても、このチームなら大丈夫だ』と信じられるかどうか」と定義している。

図表 1-8：チームの効果性に影響する因子（重要度の高い順）

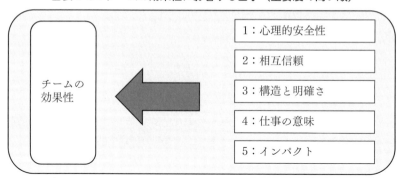

（出典）Google ウェブサイトより作成

　る行為でもあるといえる。職場におけるこれらのリスクを防止・軽減していくことは、職場の心理的安全性を確保し、生産性を高めることにつながるとも考えられる。

Chapter 2
人権尊重の取組の全体像

人権尊重の取組を適切に進めるためには、企業に求められる取組の全体像（①人権方針、②人権DD、③救済）を理解した上で、それら取組全体に共通する基礎的な概念（人権、負の影響、ステークホルダー等）を把握しておくことが重要である。

人権尊重の取組は、①人権方針、②人権デュー・ディリジェンス（「人権DD」）、③救済という3つの柱から構成される（**図表 2-1**）。

第一の柱である人権方針とは、企業が、その人権尊重責任を果たすという企業によるコミットメント（約束）を企業の内外のステークホルダーに向けて明確に示すものをいう（人権尊重ガイドライン 2.1.1 項・国連指導原則 16）。

第二の柱である人権DDとは、企業が、自社・グループ会社およびサプライヤー等における人権への負の影響を特定し、防止・軽減し、取組の実効性を評価し、どのように対処したかについて説明・情報開示していくために実施する一連の行為をいう（人権尊重ガイドライン 2.1.2 項・国連指導原則 17）。

そして、第三の柱である救済とは、人権への負の影響を軽減・回復することおよびそのためのプロセスをいう（人権尊重ガイドライン 2.1.3 項・国連指導原則 22）。

こうした人権尊重の取組には、以下のとおり、企業におけるビジネスに関する一般的な考え方等と異なる特徴的な点がある。

第一に、**経営リスクではなく、人権へのリスク（負の影響）に着目して取り組む**ことである。前記 Chapter 1 ② (2)（p.9）において人権尊重の取組が企業経

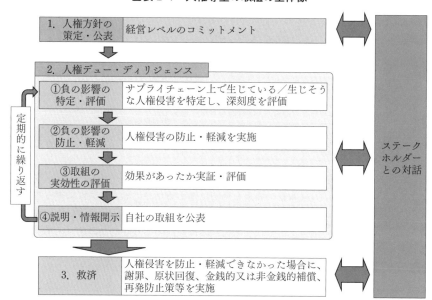

図表 2-1：人権尊重の取組の全体像

1. 人権方針の 策定・公表	経営レベルのコミットメント

2. 人権デュー・ディリジェンス

①負の影響の 特定・評価	サプライチェーン上で生じている／生じそう な人権侵害を特定し、深刻度を評価
②負の影響の 防止・軽減	人権侵害の防止・軽減を実施
③取組の 実効性の評価	効果があったか実証・評価
④説明・情報開示	自社の取組を公表

定期的に繰り返す

3. 救済	人権侵害を防止・軽減できなかった場合に、 謝罪、原状回復、金銭的又は非金銭的補償、 再発防止策等を実施

ステークホルダーとの対話

（出典）経済産業省「『責任あるサプライチェーン等における
人権尊重のためのガイドライン』策定の背景と概要」

営のリスクも抑制する旨を述べたが、これは、取組の目的ではなく、取組の結果として得られるメリットの一つと位置付けられる。こうした「人権へのリスク」に着目する考え方が具体化された一つの例が優先順位付けである。すなわち、人権への負の影響の深刻度が高いものを優先して対応する必要があり、企業経営に与え得る負の影響（経営リスク）の大きいものを優先して対応するのではない（人権尊重ガイドライン 4.1.3.2 項・後記 Chapter 5 ④ (p.105)）。

　第二に、**人権侵害が存在しないという結果を担保するものではなく、継続的に取り組む必要がある**ことである（人権尊重ガイドライン 2.1.2 項・4.1.2.1 項）。人権DD を一度実施したとしても、そのことゆえに人権侵害が存在しないと考えることはできないし、人権の状況は時代の移り変わりや社会情勢の変化等によって変動するため、定期的・非定期的な取組を通じて、継続的に取り組んでいくことが求められる。また、結果を担保しないことから、人権 DD を実施する企業が問われるのは、人権侵害リスクを十分に防止・軽減する手段を講じてきた

かといった取組の過程である。

　第二に、人権尊重の取組は、**自社のみではなく、グループ会社・サプライヤー等**（後記 ② （p.16））**を含む自社の事業**[1] **全体を通じて実施すること**が求められることである（人権尊重ガイドライン 1.3 項）。自社において人権への負の影響が生じないようにする努力は、（国内法令に基づき実施する義務を負う取組も含め）既に多くの企業で行われているが、人権尊重責任を果たすためには、そうした努力をさらに広い範囲へと拡大していく必要がある。

① 取組の主体

　人権尊重責任は、全ての企業が負うものである（国連指導原則 14）。このことを踏まえ、人権尊重ガイドライン 1.3 項は、「日本で事業活動を行う全ての企業（個人事業主を含む。）」を対象としている。したがって、企業の規模や業種、組織構成、本店所在地等を問わず、日本で事業活動を行う企業である限り、人権尊重ガイドラインを踏まえて取り組むことが要請されている。

　"business enterprises" の和訳である「企業」は、株式会社をはじめとする、いわゆる「営利企業」のみを対象とするものではない[2]。そもそも、企業（business enterprises）に人権尊重責任があるとされたのは、企業がその事業活動を通じて人権への負の影響に関与し得ることにあると考えられる。そうすると、**何らかの事業活動を行い負の影響を生じさせる可能性がある主体には人権尊重責任がある**と考えることが妥当と思われる。

---

1) ラギー・Chapter 1 注 3）145 頁は、「多国籍企業の場合、『事業』とは、どのような構造であっても企業グループ全体を含むものとして理解される」としており、人権尊重責任に範囲を考える際の自社の「事業」は、企業グループとしての事業であることを前提としている。また、同書 19 頁は、「多国籍企業」について、「二つ以上の国々でビジネスを行う企業を意味し、垂直的に統合された企業、ジョイントベンチャー、企業グループ、国境を超えた製造ネットワーク、企業提携、商社、商品やサービスの海外供給者との契約関係を通じたものなど、その形態は問わない」としており、複数か国に自社の拠点がある企業という意味に限定されず、その射程は広いということに留意が必要である。
2) 人権尊重ガイドラインのパブリックコメントにおいて、「国及び地方公共団体が出資している法人」、「公的資金で支援・所有されている事業者」および「日本国が所有または支配する企業」が同ガイドラインの対象になるかとの各問いに対して、対象となる旨回答されている（No.134、135 および 136）。

前記 Chapter 1 ②（p.5）のとおり、人権尊重責任を果たしていくことは、人権を侵害しないことの結果として、企業のリスクを抑制するとともに、その持続可能性を向上させるものでもある。より多くの「企業」において、人権尊重のための取組が進められることが期待される。

　なお、企業に人権・環境 DD を義務付けるドイツのサプライチェーン法や 2022 年 2 月に公表された EU の企業持続可能性デュー・ディリジェンス指令案（「EU 指令案」）は、一定の規模以上の企業を対象としており、規模の大小を問わずあらゆる企業に人権尊重を求める国連指導原則と必ずしも整合的ではない。しかし、これらの法令（案）は法的義務を課すものであり、文字どおり全ての企業を対象とすることは現実的ではないと考えられたと思われる。

② 取組の客体（対象範囲）

　企業は、バリューチェーン上の企業等を広く対象とすることが求められる（国連指導原則 13 解説）。このことを踏まえ、人権尊重ガイドライン 1.3 項は、日本で事業活動を行う全ての企業に対して、「国内外における自社・グループ会社、サプライヤー等」における人権尊重の取組に最大限努めることを要請している。

　「サプライヤー等」は、「サプライチェーン上の企業及びその他のビジネス上の関係先」を意味する（それぞれの用語の意味は**図表 2–2 参照**）[3]。そのため、簡潔に言えば、およそ自社と関係する全ての関係者が理論的には対象となる。もちろん、これは「最終目標」であって、この**「最終目標」にたどり着いている企業はいないと思われる。**後記 Chapter 5 ④（p.105）の優先順位付けの考え方を踏まえ、**優先度の高いところから一歩ずつ取組を進めていくことになる。**

　「サプライチェーン」には、自社が製造業者である場合の「上流」である

3）「その他のビジネス上の関係先」は、「サプライチェーン上の企業以外の企業」であることから、定義上、これらの概念が重複することはない。他方で、人権尊重ガイドラインは、企業に対して、「サプライチェーン上の企業」と「その他のビジネス上の関係先」とで異なる対応を要請しているものではなく、両者の区別を行うことは求められない。「その他のビジネス上の関係先」には、たとえば、「企業の投融資先や合弁企業の共同出資者、設備の保守点検や警備サービスを提供する事業者」が当たると考えられる（人権尊重ガイドライン 1.3 項）。

図表 2-2：「サプライヤー等」の意義

サプライヤー等	サプライチェーン	自社の製品・サービスの原材料や資源、設備やソフトウェアの調達・確保等に関係する「上流」と、自社の製品・サービスの販売・消費・廃棄等に関係する「下流」
	その他のビジネス上の関係先	サプライチェーン上の企業以外の企業であって、自社の事業・製品・サービスと関連する他企業

図表 2-3：サプライチェーン上の企業およびその他のビジネス上の関係先のイメージ

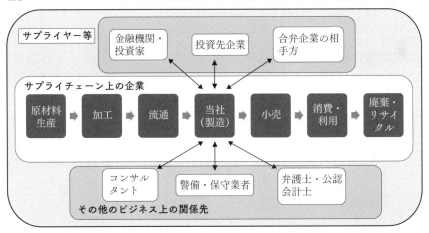

「原材料生産」等だけではなく、「下流」である小売・消費・廃棄等のプロセスも含まれる（**図表 2-3**）。

　そのため、自社にとって「上流」に位置する企業だけでなく、「下流」に位置する企業も取組の対象とすることが求められる（後記 Column「人権尊重ガイドラインの『サプライチェーン』等と国連指導原則の『バリューチェーン』」（p.19）および後記 Column「『下流』における『負の影響』が特に問題となるケース」（p.126））[4]。

　もちろん、自社がサプライヤー等に対して有する**「影響力」の有無・大小**は、**企業が採り得る手段に影響を与える**[5]。

　図表 2-4 では、契約関係がある（直接取引先）かない（間接取引先）かによる

図表 2-4：関係性の違いによる限界

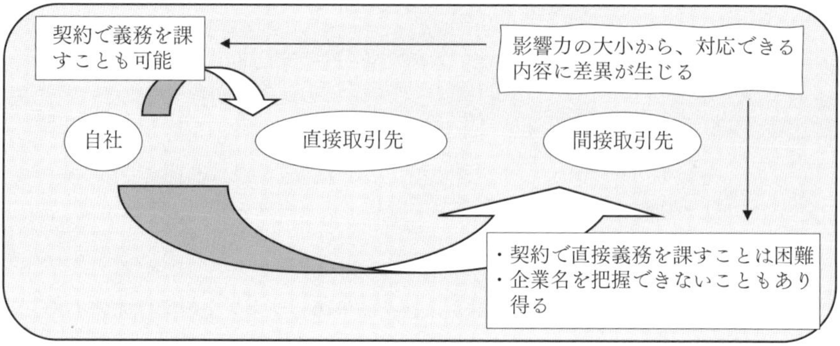

契約で義務を課すことも可能

影響力の大小から、対応できる内容に差異が生じる

自社　　　直接取引先　　　間接取引先

・契約で直接義務を課すことは困難
・企業名を把握できないこともあり得る

影響力の違いを表している。このほかにも、たとえば、自社がサービスを提供している顧客が他社からもそのサービスを容易に調達できる（自社のサービスの代替可能性が高い）場合、自社がその顧客に対して相応のコストを要する取組を強く要請すれば、その顧客は調達先を容易に変更することが予想されるため、影響力は限定的であると考えられる[6]。

　もちろん、個別具体的な状況に基づく検討が必要であるが、一般的には、自社にとって「下流」の企業に対して採り得る手段（影響力）は限られている。

---

4) 2023 年 6 月に改訂された OECD 多国籍企業行動指針は、人権尊重ガイドライン同様に、人権 DD の対象となる「取引関係」（business relationship）について大幅に加筆し、サプライチェーンの下流も含まれることを明確にしている。ただし、OECD 多国籍企業行動指針においては、ビジネス、商業、または政府の活動と関係のない目的で行動する自然人である個々の消費者については、一般に「取引関係」に当たるとは考えられないとされている。

5) ただし、企業の社会的責任の範囲は、「影響力」の有無ではなく、「負の影響との関わり」によって画されるため、「影響力」の有無・大小は、社会的責任の有無・軽重を左右しないことに留意が必要である（後記 Column「『影響力』ではなく『負の影響との関わり』が人権尊重責任の外縁を画す理由」（p.46））。

6) 影響力が小さい場合にはそれを強化していくべきとされる（人権尊重ガイドライン 4.2.1.2 項・国連指導原則 19 解説）。

人権尊重ガイドラインの「サプライチェーン」等と国連指導原則の「バリューチェーン」

　国連指導原則が企業による取組の対象とする「バリューチェーン」は、「価値を付加してインプットをアウトプットに転換する活動が含まれる」とされる。より具体的には、「その企業と直接的もしくは間接的な取引関係を有し、かつ、(a) 企業自身の製品もしくはサービスへの貢献となる製品もしくはサービスを供給する、または、(b) 企業から製品もしくはサービスを受ける組織が含まれる。」と説明される[7]。自社から見て、(a) が「上流」、(b) が「下流」に相当すると思われる。そして、これらはあくまでもバリューチェーンに含まれる企業の例であり、これら以外の企業も含まれることが想定されている。

　人権尊重ガイドラインの「サプライチェーン」は、**図表 2-2** のとおり、「上流」のみならず「下流」をも含むとし、また、「サプライチェーン」に加えて「その他のビジネス上の関係先」という用語も用いて、人権尊重の取組の対象を定義している（**図表 2-3**）。

　「サプライチェーン」等（人権尊重ガイドライン）と「バリューチェーン」（国連指導原則）とは定義上同一とは判断できないが、いずれも自社の商品・サービスに関係する企業を同様に広く含むといえ、人権尊重ガイドラインに沿って取組を進めることで国連指導原則との不整合が生じるものではないと考えられる。

③ 「人権」の範囲

(1) 「国際的に認められた人権」の意義

　企業が尊重すべき「人権」は、「国際的に認められた人権」（Internationally recognized human rights）である。そして、「国際的に認められた人権」には、少なくとも、**図表 2-5** の権利等が含まれる（人権尊重ガイドライン 2.1.2.1 項・国連指導原則 12）。

　「少なくとも」とされているように、**図表 2-5** は、「国際的に認められた人権」に含まれる最低限の要素を示すものであって、「国際的に認められた人権」

---

7) 「人権尊重についての企業の責任－解釈の手引き－」の「I. 主要概念」。

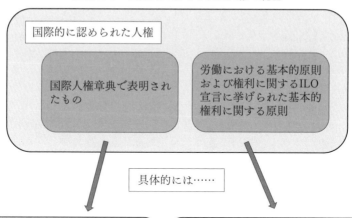

図表 2-5：国際的に認められた人権の範囲

国際的に認められた人権

国際人権章典で表明されたもの

労働における基本的原則および権利に関するILO宣言に挙げられた基本的権利に関する原則

具体的には……

・世界人権宣言
・市民的および政治的権利に関する国際規約（自由権規約）
・経済的、社会的および文化的権利に関する国際規約（社会権規約）

・結社の自由および団体交渉権の効果的な承認
・あらゆる形態の強制労働の禁止
・児童労働の実効的な廃止
・雇用および職業における差別の排除
・安全で健康的な作業環境

（出典）人権尊重ガイドライン 2.1.2.1 項・国連指導原則より作成

の外縁は明確ではない。これは、「国際的に認められた人権」の概念が国際的な議論の発展等によって拡大し得るものであること（人権尊重ガイドライン脚注24）にも由来すると考えられる。

（2） 強制労働と児童労働

強制労働および児童労働は、一般的に人権への負の影響の深刻度が高い（対応すべき優先順位が高い）と考えられる一方で、適切に理解されていないことも少なくない。

ア 強制労働

「強制労働」というと、古典的ないわゆる「奴隷」のような状況のみを指すという誤解も聞かれる。しかし、強制労働の概念は、そうした前近代的な「奴隷」のような状況に限られるものではなく、**ある者が処罰の脅威の下に強要され、**

かつ、その者が自ら任意に申し出たものではない一切の労務を指すとされる（人権尊重ガイドライン脚注26）。

国際労働機関（ILO）、ウォーク・フリー財団および国際移住機関の「現代奴隷制の世界推計」（2022年9月）によれば、**2021年時点で、強制労働の状況にある人々は2760万人と推計**され、2016年時点の推計（2490万人）を270万人も上回る状況にある。

ILOは、「強制労働を疑う指標」（ILO indicators of Forced Labour）を公表しており（人権尊重ガイドライン脚注26）、国際スタンダードにおける「強制労働」をより正しく理解するために有用と考えられる（**図表2-6**）。

図表2-6：強制労働を疑う指標

概要
強制労働を疑う指標は、脆弱性の悪用、詐欺、移動の制約、孤立、身体的・性的暴行、脅迫、身分証明書の保管、賃金の留保、債務労働、虐待的な労働・生活条件、極度の長時間労働から構成される。**いずれか一つの指標が存在することが強制労働の存在を示す場合もある**が、そうでない場合、まとめて考慮すると強制労働を意味する複数の指標を確認する必要があるかもしれない。**強制労働を疑う11の指標は、強制労働の状況を示す主なあり得る要素を扱うものであり、個々の労働者が強制労働の犠牲者であるかどうかを評価する基礎を提供する。**

指標	説明
脆弱性の悪用	誰でも強制労働の被害者になる可能性がある。しかし、現地の言葉や法律の知識がない、生計の選択肢をほとんど持たない、少数派の宗教・民族に属している、障害がある、または多数派と異なるその他の特徴を持つ人々は、特に虐待を受けやすく、強制労働の状況に陥ることが多くなる。たとえば、代替的な生計手段を持たないなど、状況に陥るという事実だけでは、その労働者が強制労働の被害者であることを必ずしも意味しない。**使用者が労働者の弱い立場を利用して、たとえば極度の長労働時間を課したり、賃金を留保したりした場合に、強制労働の状況が生じる可能性がある。**また、労働者が自身の仕事だけでなく、住居や食事、親族の仕事も雇用主に依存している場合など、雇用主への依存度が高い場合も強制労働と考えられる可能性が高くなる。

指標	説明
詐欺	詐欺は、口頭または書面で労働者に約束されたことが実現されないことに関連する。**強制労働の被害者は、多くの場合、まともで賃金の高い仕事を約束されて採用される。しかし、働き始めると、約束された労働条件は実現されず、労働者は逃げ出すこともできないまま、虐待的な状況に追い込まれてしまう。**このような場合、労働者は自由で十分な情報を与えられた上での同意をしていない。現実を知っていれば、決して仕事の依頼を承諾しなかったはずである。詐欺的な採用活動には、労働条件や賃金だけでなく、仕事の種類、住居や生活環境、正規の移住資格の取得、仕事の場所や雇用者の同一性に関する偽りの約束が含まれる。また、子どもは、就学や両親との面会の頻度に関する、本人または両親への虚偽の約束を通じて採用される場合もある。
移動の制約	強制労働者は、仕事中または移動中に、逃亡を防ぐために監禁され、監視されることがある。**労働者が、合理的と考えられる一定の制限のもとで、職場への出入りが自由にできない場合、強制労働を強く疑わせる。**正当な制限には、危険な作業現場における労働者の安全・安心の保護に関するものや、診察のために監督者の事前の許可を得る必要があるものなどが含まれ得る。強制労働の被害者は、職場内では監視カメラや警備員の使用職場外では雇用者の代理人が職場を離れる際に同行することを通じて、その移動を制限されることがある。
孤立	強制労働の被害者は、しばしば遠隔地に隔離され、外界との接触を断たれる。労働者は自分がどこにいるのかわからず、作業現場は居住地から遠く離れ、利用できる交通手段がないこともある。しかし、同様に、**労働者が家族と連絡を取ったり、助けを求めたりすることを防ぐために、部屋に閉じ込められたり、携帯電話やその他の通信手段を没収されたりして、人口密集地の中でさえ孤立させられることがある。**孤立は、事業所が非公式で登記されていないという事実とも関連することがあり、この場合、法執行機関や他の機関が事業所を特定し、労働者に何が起こっているかを監視することを非常に困難にする。
身体的・性的暴行	強制労働の被害者、その家族、近親者は、身体的または性的な暴力に晒されることがある。暴力には、労働者をより支配できるよう薬物やアルコールを摂取させることも含まれる。また、暴力は、雇用主や家族と性行為を行うこと、より極端でない例として、通常の仕事に加えて必須の家事労働を行うことなど、当初の合意内容に含まれていない内容を労働者に強いるために使われることもある。拉致や誘拐は、人を捕らえ、強制的に働かせるための極端な形態の暴力である。**暴力は、いかなる状況下でも懲罰の手段として容認されるものではなく、強制労働を非常に強く疑わせる。**

指標	説明
脅迫	強制労働の被害者は、労働条件に不満を述べまたは辞職を希望した際に脅迫を受けることがある。身体的な暴力の脅し以外に、労働者に対して用いられる他の一般的な脅しには、入国管理当局への告発、賃金や住宅・土地へのアクセスの喪失、家族の誘拐、労働条件のさらなる悪化、退職の自由等の権利の撤回などがある。**また、労働者を継続的に侮辱し貶めることは、脆弱であることの感覚を増幅させるように設計された心理的な威圧の一形態に該当する。**脅迫の信憑性と影響は、労働者個人の信条、年齢、文化的背景、社会的・経済的状況を考慮し、労働者の視点から評価されなければならない。
身分証明書の保管	労働者が必要に応じて自らの身分証明書やその他の価値ある個人的な所有物を利用できず、それらを失う危険なしに退職できないと感じる場合、**雇用主によるそれらの保管は強制労働の要素である。**多くの場合、労働者は、身分証明書なく、他の仕事に就いたり、不可欠なサービスを利用したりできず、当局や NGO に助けを求めることを恐れるかもしれない。
賃金の留保	労働者は、賃金の支払いを待つ間、虐待的な雇用主のもとにとどまることを余儀なくされる場合がある。賃金支払いの不規則さまたは遅延が、自動的に強制労働の状況を意味するわけではない。しかし、**労働者にとどまることを強制し、雇用主を変える機会を奪う手段として、賃金が組織的かつ意図的に留保されている場合、その賃金の留保は強制労働を意味する。**
債務労働	**強制労働の被害者は、自ら負いまたは時には相続した債務を返済するために働くことが多い。**この債務は、採用に関する費用や交通費を賄うための賃金の前借りやローン、生活費、医療費などの緊急事態に関する費用から生じることがある。特に労働者が読み書きのできない場合、金銭の計算を操作され、債務が増大することもある。また、両親や親族への融資の代わりに子どもが採用された場合にも、債務労働が生じることがある。雇用主や勧誘者は、行われた業務内容を過小評価したり、金利や食費・住居費を増大させたりして、労働者が債務から逃れることを難しくする。債務労働は、労働者（債務者）と雇用者（債権者）間の力の不均衡を反映している。これは、労働者を不特定の期間（1シーズンから何年あるいは何世代にもわたって）その雇用者の下に拘束する効果がある。これは、銀行や他の独立した貸し手から「通常の」融資を受け、相互に合意し納得できる条件で債務を返済することとは全く異なるものである。

指標	説明
虐待的な労働・生活条件	強制労働の犠牲者は、労働者が自由には決して受け入れないだろう労働・生活条件に耐えなければならない可能性が高い。労働は、劣悪（屈辱的または汚い）または危険（適切な保護具がなく困難または危険）な環境で、労働法に深刻に違反する状況下で行われることがある。強制労働の被害者はまた、標準未満の生活条件に服すことがあり、プライバシーもなく過密で不健康な環境で生活させられることもある。極端に悪い労働・生活条件のみでは、強制労働の存在は証明されない。**残念ながら、他の仕事がないために、悪い条件を「自発的に」受け入れてしまうこともある。しかし、虐待的な条件は、搾取される労働者の退職を妨げている強制力の存在の可能性への「警告」を意味するはずである。**
極度の長時間労働	強制労働の被害者は、国内法または労働協約で定められた限度を超えて、過度な時間または日数の労働を強いられる可能性がある。欠勤した同僚のシフトや労働時間を引き継がなければならなかったり、1日24時間、週7日体制で待機させられたりし、休憩や休日を与えられない場合がある。長時間労働が強制労働に当たるかどうかの判断は、非常に複雑な問題である場合がある。**経験則として、従業員が何らかの脅迫（解雇など）を受けながら、または、少なくとも最低賃金を得るために、国内法が許容する時間を超える長時間労働をしなければならない場合、これは、強制労働に相当する。**

（出典）ILO Indicators of Forced Labour（英文）より作成（太字は筆者）

イ　児童労働

「児童労働」という言葉を聞いて、「子どもが働くことに何の問題があるのだろうか」と思う人もいるかもしれない。「児童労働」は、たとえば、高校生が放課後の数時間を使ってレストランでアルバイトするといった、日本でもよく見られるような光景を指すものではなく、**ILO条約で禁止されている児童による労働**を意味する。

ポイントは、大きく、①**最低就業年齢は義務教育終了年齢後の15歳が原則**[8]であること、②**18歳未満は危険有害労働**[9]**に従事することが禁止されている**ことである（**図表2-7**）。

8）軽労働については、一定の条件の下に13歳以上15歳未満でも可能とされている。

図表 2-7：ILO 条約で禁止される児童労働の概要[10]

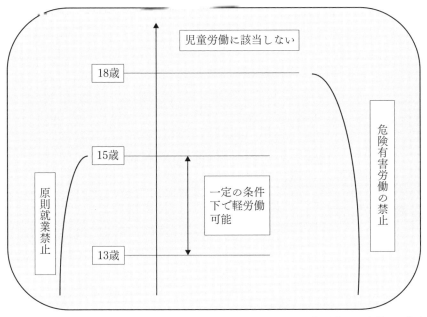

児童労働に該当しない

18歳

15歳

13歳

一定の条件下で軽労働可能

原則就業禁止

危険有害労働の禁止

（出典）ILO 条約より作成

　ILO・UNICEF の「児童労働：2020 年の世界推計、動向、前途」によれば、**世界の子どもの約 10% に当たる 1 億 6000 万人の子どもが児童労働をしている**と指摘されており、自社のサプライチェーン上に児童労働への関与が一切存在しないと考えることは容易ではない。

9）危険有害労働とは、「児童の健康、安全もしくは道徳を害するおそれのある性質を有する業務またはそのようなおそれのある状況下で行われる業務」をいう（第 182 号条約第 3 条（d）項）。

10）開発途上国のための例外（就業最低年齢は当面 14 歳、軽労働は 12 歳以上 14 歳未満）（第 138 号条約第 7 条）は考慮していない。

（3） 人権の具体的な理解

　企業の事業活動との関わりという文脈において人権や人権への負の影響について、具体的なイメージを持つことが取組を進めていく上で重要であり、**図表2-8** が参考になる。

　また、世界人権宣言を条約化した文書である自由権規約および社会権規約を理解するためには、**図表 2-9** が参考になる。

図表 2-8：人権および人権への負の影響の例

類型	負の影響の例	類型	負の影響の例
賃金の不足・未払い、生活賃金	● 事業を行う営業地域の最低賃金を確認せず、基準に満たない賃金を支払う ● 管理者が、まだ残業中の労働者のタイムカードを終業時刻に合わせて打刻し残業代を支払わない	テクノロジー・AIに関する人権問題	● GPS データを利用するシステムを通じて個人の位置情報や行動追跡が可能となり、システム利用者が監視されプライバシーが侵害される ● AI を人材採用システムに導入した際、特定の人種や性別に不利な情報が含まれており、その情報を元に最適な人材を選定してしまうことで、公正な人材の選考が行われない
過剰・不当な労働時間	● 繁忙期に長時間労働が続いた結果、鬱病を発症 ● 人手不足により 8 時間以上連続して業務が続き、適切な休憩を取得できない	プライバシーの権利	● 従業員や顧客、または他の個人に関して有する個人情報の秘密保持を怠る ● 従業員のメール誤送信や外部からの不正アクセスにより個人情報を含むデータを紛失・漏えいする

類型	負の影響の例	類型	負の影響の例
労働安全衛生	● 就業中に転倒、転落、怪我をする可能性があることへの対策を行わない ● 工場内の換気不足による衛生状態の悪化を放置する	消費者の安全と知る権利	● 製品の欠陥が発覚したにもかかわらず、迅速かつ適切なリコール手続を実施しない ● 製品の誤作動により、購入者が身体に怪我を負った
社会保障を受ける権利	● 労働者に対し、契約上合意された業務災害手当を給付しない ● 企業が労働者に対して、差別的な加入要件をもつ民間の団体保険プランを提供する	差別	● 採用・募集に当たり、「営業マン」「ウエイトレス」「男性歓迎」「女性向きの職種」等の表示をする ● 募集または採用に当たり、障害者に対する合理的配慮が提供されない
パワーハラスメント（パワハラ）	● 皆の前で起立させたまま、大声で長時間怒鳴り続ける ● 部下が仕事ができない人間であると決めつけ、何の説明もなく役職に見合った業務を与えない	ジェンダー（性的マイノリティを含む）に関する人権問題	● 男女間で賃金等の待遇に格差が生じている ● 「男性のみ募集」「女性のみ募集」という求人のため、性別や性自認が原因で希望職種での就職活動ができない
セクシュアルハラスメント（セクハラ）	● 必要なく身体へ接触したり、食事やデートに執拗に誘う ● 性的な事実関係を尋ねたり、個人的な性的体験談を話す	表現の自由	● NGO やジャーナリストによる自社に対する批判的な発言を妨害する（訴訟費用の負担能力において圧倒的に優位な企業が、NGO 等に対して訴訟を起こすことも含む） ● 従業員による会社や待遇に対する意見表明を禁止・抑圧する

類型	負の影響の例	類型	負の影響の例
マタニティハラスメント／パタニティハラスメント	● 上司に妊娠を報告したところ「他の人を雇うので早めに辞めてもらうしかない」と言われた ● 妊娠している従業員本人の意に反して仕事を減らし、専ら雑務に業務を限る	先住民族・地域住民の権利	● 企業活動により水資源が汚染され、地域住民が清潔な飲料水を入手することが困難となる ● 大規模店舗の出店により、騒音や違法駐車が急増し、地域住民の生活に影響が生じる
介護ハラスメント（ケアハラスメント）	● 介護休業を申請する旨を周囲に伝えたところ、同僚から繰り返し批判的な発言をされ、取得をあきらめざるを得ない状況に追い込まれた ● 介護のため所定労働時間短縮の希望を伝えたところ、上司や同僚から「自分だけ短時間勤務をしているなんて周りを考えていない。迷惑だ。」と繰り返し言われ、就業をする上で看過できない程度の支障が生じている	環境・気候変動に関する人権問題	● 火災や化学物質の流出などの産業事故の発生により、人命を危険に晒すとともに、周辺の環境を破壊し大気・土壌汚染や水質汚濁を生じさせる ● 調達の過程において森林破壊や森林火災を引き起こしたり、違法伐採されたりした木材を事業活動に使用する
強制的な労働	● 自社の海外拠点の取引先の工場で、地域住民が強制的に業務に従事させられている ● 外国人技能実習生や外国人労働者のパスポートを取り上げて移動の自由を奪い、強制的に仕事に従事させる	知的財産権	● 個人がインターネット上に公開しているデザインを企業が公開資料に無許可で使用する ● 従業員の業務における発明について企業から合理的な対価が支払われない

類型	負の影響の例	類型	負の影響の例
居住移転の自由	● 企業の事業活動により、地域住民が立ち退きを余儀なくされる ● 従業員に転勤を要請したところ、本人は育児への参加が困難となるため遠方への転勤を強く拒否したにもかかわらず、転勤を強制する	賄賂・腐敗	● 環境基準を満たしていないプラントに関する許認可の獲得を目的として検査機関の職員に対して金銭を提供する ● 海外現地子会社が、実績を上げるために、影響力のある現地公務員に金銭を渡し、事業に関係する公的手続を優先的に進めさせる
結社の自由	● 会社が、採用試験応募者に対し、労働組合に加入しないことを採用の条件として提示する ● 会社が、労働組合の団体交渉の申入れには応じたものの、合意した開催予定日直前に期日の延期を申し入れることを繰り返し、結局、団体交渉が実施されない	サプライチェーン上の人権問題	● 自社の原料の調達先の工場において、労働者が劣悪な環境での労働を強いられている ● 取引先従業員が下請企業従業員に対してセクハラを行っている
外国人労働者の権利	● 日本国籍でないことのみを理由に、外国人求職者の採用面接への応募を拒否する ● 労働契約の締結に際し、日本語が理解できない外国人労働者に対して、労働条件等を日本語でのみ提示する	救済へアクセスする権利	● ハラスメントを受けた従業員が利用できる相談窓口が企業に置かれていない ● ホットラインが日本語のみで提供されており、外国人労働者が利用できない

類型	負の影響の例	類型	負の影響の例
児童労働	● 年齢確認書類の詳細を確認せず、15 歳未満の子どもを雇用する ● 18 歳未満の子どもを、建築現場や屋根の清掃現場で高所での業務、重量物の運搬を伴う作業、酒席での接待などに従事させる	―	―

（出典）法務省人権擁護局「今企業に求められる『ビジネスと人権』への対応
『ビジネスと人権に関する調査研究』報告書」より作成

図表 2-9：「国際的に認められた人権」の具体的な内容

権利・条文	権利および企業との関わりの概要
自由権規約	
第 1 条：人民の自決の権利	● この権利によって、人々は自らの政治的立場および国際社会での居場所を決定することができる。これには、社会、経済および文化的な面で発展し、進歩する権利、自らの土地の天然資源を処分する権利、そして自らの生計資力を奪われない人民の権利を含む。 ● 企業に特に関連性を有する人民の自決の権利の側面として、経済、社会および文化的発展を追求する権利、ならびに土地の天然資源を処分する権利がある。**企業の活動は、たとえば、企業がその地域に住む人民にとって伝統的に重要な土地での施設の建設を許可される場合、この権利に負の影響を与え得る。同様に、企業が土地に住む人民と協議することなく、その土地から天然資源を採取する免許を政府により与えられる場合、その企業は、気がついてみると、住民の天然資源を処分する権利または生計資力に影響を及ぼしているおそれがある。対照的に、企業は、関係者と協議し、その同意を得て、その考え方を考慮する場合、この権利の享受を促進していることになり得る。**

権利・条文	権利および企業との関わりの梗概
第6条： 生命に対する権利	● 生命に対する権利には、恣意的にも非合法にも生命を奪われない権利とともに、人の生命を守らせる権利を含む。恣意的殺戮によって人の生命を奪わせない権利は、基本的権利であり、これにはそのような殺戮を調査し、犯人を処罰する政府の義務を含む。 ● この権利は、**企業がその職員および施設を守るために国家治安部隊を使用し、これと協力し、またはこれによる保護の利益を受けている場合、その企業に関連する。また、圧政下にある諸国に所在する企業についても、その企業が国家による人権侵害から直接的に恩恵を受けている場合には、その企業に関連する。**いずれの状況も、国家が生命に対する権利を侵害するに際して、企業との共謀につながる可能性がある。 ● 企業は、生命に対する権利の促進に役立つ措置も講じ得る。例として、HIV／エイズその他の伝染性疾患への罹患を避ける方法に関する情報を広めるために、企業の流通経路を使用することが挙げられる。企業は、低コストで必需品および必須サービスを生産して利用できるようにすることもできる。
第7条： 拷問、または、残酷な、非人道的なもしくは品位を傷つける取扱いまたは刑罰を受けない権利	● この権利は、国際人権法で特別な立場にあり、いかなる状況でも何らの制限にも規制にも服さない。拷問、または、残酷な、非人道的なもしくは品位を傷つける取扱いまたは刑罰からの解放のほか、本条はまた、その同意を得ることなく行われる医療または科学実験の被験者とされぬよう、人々を保護する。 ● 非人道的な、または品位を傷つける取扱いから解放される権利は、**たとえば、職員が深刻なハラスメントまたは危険な労働条件の対象となっていて、これが深刻な精神的苦痛および苦悶を引き起こす場合、企業が関わり得る。**製薬会社その他の医療または科学的研究に従事する企業は、医療または科学実験が同意なく実施される場合、この権利に影響を及ぼすことになる。企業はまた、その製品が拷問行為の実施のために悪用される場合、第三者が犯す違反についての共謀の主張にも直面する可能性がある。**企業は、取引関係にある者の制圧的行動を通じて、拷問から解放される権利の違反に関する共謀の主張を招くことがあり得る。**そのような関係は、合弁事業であったり、企業施設を守るための国家治安部隊の活動であったりするであろう。

権利・条文	権利および企業との関わりの概要
第 8 条：奴隷制度、隷属状態または強制労働の対象とならない権利	● 奴隷制度は、1 人の人間が他者を実質的に所有する場合に生じる。隷属状態から解放される権利は、その他の支配の形態、すなわち著しい経済的または性的搾取や人間性を堕落させることも対象としている。これらは、たとえば人身売買、農奴制または債務に基づく拘束の状況で生じるおそれがある。 ● 企業は、奴隷、強制または非自発的囚人労働を直接的に利用する場合、こうした権利の侵害という主張を覚悟の上で利用しなければならない。**また、サプライヤー、下請業者その他のビジネスパートナーがこうした労働の使用から利益を得ている場合には、企業は共謀の主張に直面する可能性がある。航空、船舶その他の運輸業界および観光部門の企業は、個人が強制売春、家庭内隷属など、強制または奴隷労働の目的で 1 か所から別の場所に移される場合、人身売買に接するおそれがある。企業は、強制労働および人身売買に関する意識啓発に役立つ集団行動イニシアチブを行う場合、この権利を促進していることになる。**
第 9 条：身体の自由および安全についての権利	● 人の身体の自由および安全についての権利は、非合法もしくは恣意的な逮捕またはいかなる拘留も禁止する。 ● ある企業が、刑務所その他の拘留業務を行っている企業と一緒になって**人の恣意的または非合法な拘留を容易にしている場合には、本条に基づく政府による人権侵害の共謀の申立てを受けやすくなる。** ● 企業は、セキュリティ・サービスを提供している場合は人の安全を保護し、その権利の侵害の調査を支援することができる。逆に言えば、**たとえば、企業が暴力で職員を脅している場合、または警備担当の契約社員その他の従業員などによる深刻なハラスメントに共謀している場合には、その企業は、この権利の享受に負の影響を与えかねないことになる。**
第 10 条：拘禁された者が人道的な取扱いを受ける権利	● 拘禁された者が人道的な取扱いを受ける権利は、自由を奪われている個人、人権侵害に対して極めて脆弱なグループを特別に保護する。本条は、刑務所当局、精神病院などの拘留当局に義務を課す。この義務には、被留置者を人道的に人間の固有の尊厳を尊重して扱うこと、既決囚を未決囚から分離すること、少年を他の被留置者から分離すること、そして被留置者の社会的復帰を容易にする制度を提供することを含む。**拘留施設を運営し、または刑務所管理サービスを提供する企業の活動は、こうした権利に影響を**

権利・条文	権利および企業との関わりの概要
	与える可能性が最も高いものである。
第 12 条: 移動の自由 についての 権利	● この権利は、合法的にその国にいる人々がその国中を自由に移動し、その国内で居住地を選択し、そう望む場合にその国を出国することができるようにする。移動の自由についての権利はまた、人々が母国への入国を恣意的に妨げられない権利も与える。 ● **企業の活動は、たとえば、その業務のためにコミュニティが移転を余儀なくされる場合、これは人々が居住地を選択する自由を制限するため、この権利に影響を与えることになる。**
第 17 条: 私生活につ いての権利	● この権利は、人の私生活、家族、家庭または通信への恣意的、不合理、または非合法な干渉や、その名誉および評判への非合法な攻撃から人々を守る。**企業の活動は、私生活についての権利に影響を与える場合がある。** ● 私生活は、大量のデータが保存され、そのデータを取得する、より精巧な方法が考案されている現在の電子時代において、特に重要な問題となってきた。**企業は、顧客、従業員その他のステークホルダーに関する個人データの大規模な収集に関与することが多く、そのような情報の秘密保持の確保が結果として必要である。企業は、たとえば、IT または電気通信企業が、万が一、同意なく秘密扱いの顧客データを政府に非合法または恣意的に引き渡すとすれば、私生活についての権利を侵害し、またはその他の人権侵害にあえて共謀することとなる。**
第 18 条: 思想、良心 および宗教 の自由につ いての権利	● 思想、良心および宗教の自由についての権利には、人が宗教または信念を選択し、その選択した宗教または信念を実践し、守る自由を包含する。この自由は、いずれの宗教も信念も信仰しない権利も保障する。 ● **企業の活動は、その全従業員について、この権利に影響を与える可能性が最も高い。たとえば、企業は、就業時間中にお祈りをしなければならない、または所定の宗教上の祭日を守るために休暇を要請する労働者の宗教上のしきたりに便宜を図る必要があることがある。また、従業員が宗教上の衣類、被り物または宝飾品を身に着けることに関して問題が生じることがある。企業は、人が宗教を明らかにする自由について、安全衛生、他の労働者の権利、事業の正当な必要など、競合する正当な利益とのバランスをとる必要がある。**

権利・条文	権利および企業との関わりの概要
第 19 条: 意見および 表現の自由 についての 権利	● 本条は、各人が外部干渉を受けずに意見を持つ権利を保障する。**この権利は、映画の制作会社および配給会社、出版社、テレビおよび音楽業界ならびにインターネット企業を含む、メディア業界にとって特に重要である。** ● 政府は、独占管理を控え、民間メディアグループによる不当なメディアの集中または支配を防ぐことによって、メディアの多様性を確保すべきである。**メディア企業自体は、ジャーナリストの表現の自由を不当に制限しないよう保障すべきである。さらに、民間インターネットプロバイダーは、法が規定する場合および合理的かつ相応な状況を除き、インターネットアクセスをブロックすべきではない。**
第 20 条: 戦争宣伝か らの自由に ついての権 利、および 人種的、宗 教的または 国民的憎悪 の唱道から の自由につ いての権利	● 本条は、戦争宣伝とともに、差別、敵意または暴力の誘引となる国籍、人種または宗教に対する憎悪の唱道の禁止を要求する。 ● 本条後段は、「ヘイトスピーチ」に対抗するものであり、これは人種、宗教または国籍に基づき人を中傷し、その人を憎悪するよう駆り立てるスピーチである。**この権利の側面は特に、メディア企業とともに、チャットライン、ウェブサイトその他のこれを通じてヘイトスピーチが公表され得る公衆通信手段のホストである電気通信およびインターネット企業に重要である。人種差別に取り組み、多様性を促進するキャンペーンを支持し、またはこれに参加する企業は、この権利の享受を容易にする手助けをしている。**
第 21 条: 集会の自由 についての 権利	● 平和的に集会し、結集する権利は、本条によって保障される。 ● 国家は、最も明白に集会の自由を侵害する立場にある。ただし、**企業も、その業務に対するデモを鎮圧するための政府の行動に関して、共謀の罪に問われた事案があった。**
第 22 条: 結社の自由 についての 権利	● 本条は、政党、宗教団体、スポーツその他のレクリエーションクラブ、非政府組織、労働組合などのあらゆる種類の結社を作り、これに加入する権利を保障する。**企業の活動は、労働組合その他の従業員の代表者機関に関係する場面で、この権利に影響を与える可能性が最も高い。** ● 企業は、労働組合を結成する労働者の権利を尊重することによってこの権利を尊重し、また、労働組合活動が合法でない国で操業する場合、職場での問題について対話するための正当な従業員の

権利・条文	権利および企業との関わりの梗概
	結社を認めることができる。また、企業は、その活動が政党など の他の正当な組織に加入する労働者の権利を害さないよう、保障 すべきである。
第 23 条： 家族の保護 についての 権利および 婚姻につい ての権利	● 家庭生活についての権利は、社会および国家による家族の保護を 要求する。 ● **本条は、人々が健全なワーク・ライフバランスを取り入れ、その** **家族と質の高い時間を過ごすことができるようにすることについ** **て、一定の労働慣行がこれを妨げ、または充実させる可能性が生** **じる点で、企業に関連する。**
第 24 条： 児童の保護 についての 権利	● 子どもは本条によって、未成年者という立場から要求される特別 な保護を必要としていると認識されている。子どもの保護には、 性的および経済的搾取からの保護を含む。 ● **企業（たとえばホテル）は、その事業に近接する範囲で未成年者** **の性的搾取を見て見ぬふりをする場合、これに共謀しているとみ** **なされることがある。さらに、デジタルメディア企業は、ネット** **いじめ、児童セックスツーリズム、児童ポルノ、人身売買および** **オンライングルーミングの流布および／または促進など、子ども** **の権利の侵害で共謀しないことを確実にすべきである。子どもの** **性的画像は、マス・マーケティングで用いるべきではない。** ● **子どもは特に、宣伝広告およびマーケティングの影響を受けやす** **い。したがって、企業は、たばこ、酒などの不適切かつ有害な製** **品の子どもへのマーケティングを避けるべきである。** ● **企業は、雇用最低年齢を遵守する場合、その権利を尊重している** **ことになる。ただし、子どもの全面解雇は、これによって売春、** **違法薬物取引などの危険な活動に入ってしまうおそれがあるた** **め、問題が生じる。したがって、企業は、そのバリューチェーン** **から児童労働を排除することに加えて、様々な方法で児童の権利** **を促進すべきである。これには、そのような子どもに教育機会を** **設ける手助け、児童労働対策のための集団行動の取組への参加、** **そして子どもが働かなくても済むようにその親である従業員への** **生活賃金の支払いといった方法を含む。**
第 25 条： 公務に参与 する権利	● 公務に参与する権利は、公務の実施に参加し、自らを代理して政 府の機能を果たす代表者を自由に選ぶ国民の権利に関係する。 ● **メディア企業は、政府その他の政党、または政治的信念の不当な**

権利・条文	権利および企業との関わりの概要
	影響を受けないバランスのとれた報道を行う役割を担う。メディアの独占は、多様な政治的意見を広めることを制限し得ることから、この点で懸念を生じさせる一つの原因となる。公共事業への平等な参加の権利は、公共事業契約を結んで政府の従来の機能を引き継ぐ公共事業会社、民間刑務所などの民間企業にも関連する。 ● 企業は、従業員が休暇をとって選挙に行くことを認めたり、より多くの市民参加を促進するためのキャンペーンに参加したりすることによって、この権利の享受を促進することができる。
第 26 条:法の前の平等の権利、法律による保護を受ける権利、および差別を受けない権利	● 本条は、経済的、社会的および文化的権利に加え、国家が提供するその他の法的権利を含む全ての権利の享受に関して、差別を禁止する。企業の活動は、その労働者、取引先および顧客の差別禁止の権利に影響を与えることがある。こうしたステークホルダーは、たとえば、採用、労働者への支払いや研修、顧客に対するサービスの提供において、それぞれが差別なく扱われるべきである。労働者は特に、雇用主による差別を受けやすい。労働者は、差別待遇を受けたり、苦しめられたり、公正な手続なく懲戒処分を受けたりされてはならない。 ● 企業は、時折、差別の撲滅に努めるため、障害者が利用できる施設の設置などの積極的な措置を講じる必要がある場合がある。
第 27 条:少数民族の権利	● 本条は、種族、宗教または言語上の少数者が自らの文化を享受し、宗教儀式を行い、自らの言語で話す権利を保障する。 ● 企業は、たとえばその職場および事業所での多様性の促進によって、この権利の享受を容易にすることができる。これは、従業員が宗教上の祝日を守り、民族衣装を身に着けることを許可する形で、または少数者への雇用機会の提供を通じる形で、行うことができる。 ● 企業は、企業活動と少数者の権利との交点で、徐々に増える要求および社会的圧力に対処しなければならないことに気付く場合がある。対話は非常に重要で、先住民族および少数民族のコミュニティとは、その土地、生計および文化に影響を及ぼす可能性がある決定を行うときはいつでも、対話すべきである。

権利・条文	権利および企業との関わりの概要
社会権規約	
第 1 条: 人民の自決 の権利	● 市民的および政治的権利に関する国際規約（自由権規約）第1 条に関する注釈を参照されたい。
第 6 条: 労働の権利	● 労働の権利は、全ての者が自由に選択しまたは承諾する労働によって生計を立てる機会を得る権利を保障する。これは、雇用することまたは雇用されることを強制されないこと、および労働者候補者は、雇用へのアクセスを保障する制度へのアクセス権を有することを意味している。また、雇用を不当に奪われない権利も意味している。 ● 政府がコミットメントを果たす能力または意欲を欠く分野において、雇用の提供に関して「主要事業者」の一つとして重要な活動を行っている企業は、ステークホルダーから、労働の権利の充足を保障するために尽力する役割を果たすことを期待される可能性がある。どのような規模、いかなる場所であっても、企業は、労働者を恣意的または不当に解雇した場合、労働者の労働の権利に影響を及ぼす可能性がある。
第 7 条: 公正かつ良 好な労働条 件を享受す る権利	● 公正かつ良好な労働条件を享受する権利には様々な構成要素があり、従業員の待遇に関係しているため、これらは全て、企業の活動と非常に関係する。 ● 企業は、女性、若年および高齢労働者、障害者、移住労働者、家庭内労働者、農業労働者、難民労働者、無給労働者（例：インターン）、ならびに非公式部門の人々など、特定のグループの権利を尊重するために特に注意を払うべきである。 ● 企業は、労働安全衛生の十分高度な基準を維持し、職場の危険を最小限にすべきである。有給病気休暇も与えるべきであり、理想的には産休および父親育児休暇も与えるべきである。
第 8 条: 労働組合を 結成する権 利およびこ れに加入す る権利、な らびに同盟	● 本条は、全ての者が労働組合を結成し、組合独自の組合員規則に従って、自ら選択する労働組合に加入する権利に関係している。 ● 企業の行為は、組合員になることを妨げる場合、従業員間の活動を妨げる場合、また組合活動に参加する従業員の権利を制限する行為に何らかの方法で加担する場合に、これらの権利に影響を及ぼす可能性がある。

権利・条文	権利および企業との関わりの概要
罷業をする権利	
第 9 条：社会保障（社会保険を含む）についての権利	● 社会保障についての権利は、差別を受けることなく給付にアクセスし、確保する権利を包含する。 ● 一般的に、企業は、従業員の給与および賃金から控除されたものに加えて、法により義務付けられた制度に対する拠出が速やかに支払われることを保証し、社会保障支払いまたはサービスを行う政府の能力が損なわれないことを確実にする基本的な義務を負う。次第に、雇用法は、出産、災害などについても所得および給付を提供する義務を企業に負わせている。企業は、民間の社会保障制度を運営する場合、差別的のない方法で行わなければならず、不当な資格条件を課してはならない。 ● 最後に、企業は、契約により合意された業務災害給付について、労働者に対する支払いを拒否してはならない。
第 10 条：家庭生活についての権利	● 本条に従って、できる限り広範な家庭に対する保護および援助が、特に、家庭が形成される段階、そして扶養児童の養育および教育について家庭が責任を有する間に、与えられるべきである。 ● 企業に特に関連があるものとして、この権利に基づき、産前産後の合理的な期間中、働いている母親が有給休暇または相当な社会保障給付を伴う休暇を与えられることが求められる。 ● 本条は、人々が健全なワーク・ライフバランスを取り入れ、その家族と質の高い時間を過ごすことができるようにすることについて、一定の労働慣行（労働時間および休暇資格を含む）がこれを妨げ、または充実させる可能性がある点で、企業に関連する。企業は、児童労働者が直接自社でまたはそのサプライチェーン内で働いていることが判明した場合にも、この権利に影響を及ぼす。
第 11 条：相当な生活水準についての権利	● 本条は、相当な食糧、衣類および住居を含む相当な生活水準、ならびに生活条件の不断の改善についての権利を保障する。 ● 従業員または現地コミュニティに住居を提供する企業は、この権利の享受に直接、正または負の影響を与え得ることに気付くだろう。企業は、土地所有者である場合には、住民の転居もしくは強制退去を必要とする土地取引に関わる場合、または開発プロジェクトもしくは天然資源の探査に対応する場合、自社の活動が相当な住居についての権利に影響を及ぼすことに気付くかもしれない。転居または強制退去に関わるこれらの企業は、人権基準に確

権利・条文	権利および企業との関わりの概要
	実に従って行動することを望み、影響を受ける人々およびその扶養家族が転居のプロセスの間確実に保護され、安全が確実に保証されることを望むであろう。強制退去は、最後の手段であるべきで、影響を受けるコミュニティと対話して、実施可能な代替手段を検討すべきである。 ● **食糧についての権利は、従業員および近隣コミュニティの基本的ニーズを提供する企業や、その中核的事業が食糧の供給である企業に、特に関係する。**食糧についての権利の尊重は、企業活動が、地域の食糧供給、またはこれにアクセスする人々の能力を損なったり、害したり、またはその他の方法で妨げたりしないことを要求している。 ● 企業活動は、地域の給水の汚染や過度な使用により、**水についての権利を人々が享受することを著しく妨げる場合、水についての権利に影響を及ぼすことになる。**この権利は、給水サービスを提供する企業、ならびに従業員および近隣コミュニティの基本的ニーズを提供する企業にも特に関係する。
第 12 条：健康についての権利	● 本条は、到達可能な最高水準の身体および精神の健康についての権利を保障している。 ● 企業活動および製品は、従業員の健康についての権利に影響を与える可能性がある。また、その活動および製品が、労働者、消費者および現地コミュニティなど、人々の健康についての権利に影響を及ぼさないことを保障するよう期待される。児童および青少年、女性、障害者または先住民コミュニティなど、社会の脆弱な部門に関して、社会的配慮が払われるべきである。企業は、国内法（労働安全衛生規則および消費者や環境に関する法令を含む）を、また国内法が脆弱であるか十分に施行されていない場合には国際基準を、遵守することを期待される。インフォーマルな労働者が国内法の対象にならないことが多かったとしても、企業は、そのサプライチェーン内のいかなる者も労働安全衛生上の危険に晒されないことを保障する措置をとるべきである。 ● 医薬品会社は、自社の労働者の健康についての権利を超えた、健康についての権利を尊重する責任を特に負っている。たとえば、段階的価格設定または知的財産保護への柔軟な取組を通じて、医薬品会社が貧しいコミュニティに質の高い必須医薬品へのアクセスを提供する支援を行うことについて、NGO その他からの期待が高まっている。

権利・条文	権利および企業との関わりの概要
	● 採取会社や化学会社など、その活動からの汚染リスクが特に大きい部門の企業は、汚染が労働者および近隣コミュニティのメンバーの健康に関する権利に負の影響を及ぼさないことを確実にするために実施している方針および制度について、厳重な精査を常に受ける立場にある。
第13条および第14条：教育についての権利	● 教育についての権利は、「人格および尊厳についての意識の十分な発達」を目的とする。第13条および第14条は、自由および義務的な初等教育についての権利を全ての児童に保障している。 ● 企業は、スキルのある労働力を開発するために、教育についての権利を促進することに強い関心を持っている。**企業は、そのサプライチェーンで児童労働者が通学することを妨げられる方法で直接雇用されているか、働いている場合には、教育についての権利に影響を及ぼす可能性がある。**この権利は、労働者または現地コミュニティの他の子どもに教育を提供するコミットメントを企業が行った場合にも関係する。そのような教育を組織するまたは提供する企業は、教育への平等なアクセスを尊重すべきである。 ● また、企業は、たとえば、**長大構造物またはインフラ事業への自社の関与が近隣の学校へのアクセスを制限するか、結果的に教育施設を損傷または破壊する場合にも、この権利の享受に影響を及ぼす可能性がある。**
第15条：文化的生活に参加する権利、および科学の進歩による利益を享受する権利	● 本条は、全ての者が社会の文化的生活に参加し、科学の進歩による利益を享受し、自己の科学的、文学的または芸術的作品により生ずる精神的および物質的利益が保護される権利を認めている。 ● **企業活動は、科学的研究開発のあらゆる分野を通じて、この権利に正または負の影響を及ぼす可能性がある。**知的財産権の尊重は、企業が研究開発を行うインセンティブを生むために必要であり、それ自体が社会に利益をもたらす革新および発明を生み出すと主張されている。

（出典）モナシュ大学 Castan Centre for Human Rights Law 等「人権の解釈 2.0 企業活動の指針」より作成（太字は筆者）[11]

---

11) 図表 2-9 では割愛しているが、「人権の解釈 2.0 企業活動の指針」は、「ケーススタディ」として、企業の事業活動において人権が問題視される例を記載しており、より具体的なイメージを持つために参考になる。

人権と環境

　人権尊重ガイドラインは、国連指導原則同様に、基本的には「人権」の視点で取組を要請しており、「環境」の視点を明示していない。ただし、「人権」と「環境」とは必ずしも切り分けられない。

　たとえば、人権尊重ガイドライン 2.1.2.2 項は、「Cause」（引き起こす）の負の影響の例として、「自社工場からの化学物質の流出が地域の飲料水を汚染する場合」を挙げている（**図表 2-10**）。

図表 2-10：負の影響の例

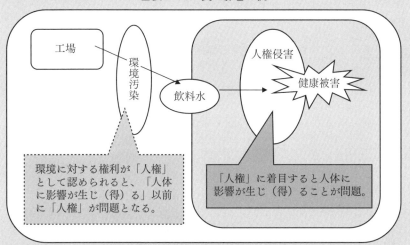

　これは、直接的に環境に対する権利の侵害について議論しているわけではないが、環境破壊を通じて人権が脅かされる例であり、「人権」と「環境」とが密接な関係にあることが示唆されている。そのため、人権尊重ガイドライン・国連指導原則も、**人権への負の影響を防止・軽減するために必要な環境問題への対応を間接的に求めている**と考えられる。

　また、**環境に対する権利としての「人権」も発展しつつある。**たとえば、2022 年 7 月、国連総会において、「クリーンで健康的で持続可能な環境に対する人権」（right to a clean, healthy and sustainable environment）決議が、賛成161 票（日本を含む）、棄権 8 票で採択された。これは、環境に対する権利を「人権」の一つとして認めるものである。

　さらに、**「人権」と「環境」とを同様に扱う法令（案）等も存在する。**たとえば、後記 Chapter 11 ①（2）（p.202）のドイツのサプライチェーン法や EU 指令

案においては、「人権」とともに「環境」についても、明確に DD の対象にしている。また、OECD ガイダンス[12] は、その対象範囲を「人権、雇用および労使関係、環境、贈賄、贈賄要求および金品の強要の防止、消費者利益、情報開示」として「人権」とともに「環境」も対象としている[13]。

環境、特に、二酸化炭素排出量の削減に関する取組は、人権よりも先行してその取組が進む。2020 年には、菅総理大臣（当時）が「2050 年までに、温室効果ガスの排出を全体としてゼロにする、すなわち 2050 年カーボンニュートラル、脱炭素社会の実現を目指す」と宣言している。**環境と同様に持続可能な社会の構築に必要な人権尊重の取組も、ますます重要性を増していくものと思われる。**

Column SDGs・ESG と人権尊重の関係

「人権尊重」や「人権 DD」という言葉よりも、「SDGs」や「ESG」という言葉の方が広く認知されていると思われるが、両者は互いに重なり合う、密接に関係している概念である。

SDGs とは、Sustainable Development Goals（持続可能な開発目標）の略語であり、2001 年に策定されたミレニアム開発目標（MDGs）の後継として、2015 年 9 月の国連サミットで加盟国の全会一致で採択された「持続可能な開発のための 2030 アジェンダ」に記載された、2030 年までに持続可能でよりよい世界を目指す国際目標である（人権尊重ガイドライン脚注 16）。

17 の持続可能な開発のための目標（SDGs）と 169 のターゲットを設定した同アジェンダは、その前文において、「極端な貧困を含む、あらゆる形態と側面の貧困を撲滅することが最大の地球規模の課題であり、持続可能な開発のための不可欠な必要条件である」と謳っている。貧困は、強制労働や児童労働をはじめとする深刻な人権への負の影響を生じさせる大きな要因の一つでもあり、後述する「構造的問題」としても語られるものである。

ESG とは、Environment（環境）、Social（社会）、Governance（ガバナンス）の略語であり、たとえば、ESG 投資（従来の財務情報だけでなく ESG の要素も考慮した投資）という用語が使われる。国連環境計画・金融イニシアチブ（UNEP FI）および国連グローバル・コンパクトと連携した投資家イニシアチブ

---

12)「責任ある企業行動のための OECD デュー・ディリジェンス・ガイダンス」を指す。以下同じ。

13) 環境省の「バリューチェーンにおける環境デュー・ディリジェンス入門 〜 OECD ガイダンスを参考に〜」（2020 年 8 月）は、この OECD ガイダンスの枠組みを踏まえたものとされている。

の責任投資原則は、「責任投資」（ESG 要因を投資決定やアクティブ・オーナーシップに組み込むための戦略および慣行）を提唱しているが、ESG 要因のうち Social（社会）の例として、現代奴隷制や児童労働等を挙げている（人権尊重ガイドライン脚注 15）。

このように、人権尊重の取組は、ESG のうちの S（社会）の視点での取組であり、SDGs を達成するための取組ともなり得る。そのため、**SDGs 達成に向けた取組や ESG 視点での経営を掲げている企業は、既存の取組を人権尊重の取組として再認識することもできる。**

4 「負の影響」の 3 類型

(1) 負の影響とは

「負の影響」という言葉がわかりづらいとの声も聞かれる。（人権への）「負の影響」は、"adverse human rights impacts" の和訳であり、「人権侵害」と読み替えることも可能ではある。

他方で、「人権侵害」という日本語は、既に発生した人権侵害のみを指すニュアンスを持つ。しかし、前記のとおり、「負の影響」には、実際に生じたもの（actual impacts）だけではなく、今後生じ得るもの（potential impacts）も含まれることから、「人権侵害」という用語を単純に「負の影響」と言い換えると誤解を生じさせる可能性がある。

そのため、「人権侵害」と「人権侵害リスク」の双方を指す語として利用できるという点で、「負の影響」という言葉は有意義である。こうした理解は図

図表 2-11：用語の整理

表 2-11 のように整理できる。

(2) 3 類型の概要

人権尊重ガイドラインが対象とする「負の影響」は、国連指導原則をはじめとする国際スタンダードが従前から企業の人権尊重責任の対象としてきた 3 類型の負の影響であり（人権尊重ガイドライン脚注 30）、具体的には、①「引き起こす」（Cause）／②「助長する」（Contribute）／③直接関連する（Directly Linked）である（**図表 2-12**）。

「直接関連する」という用語からは、自社と負の影響との関連性は、「直接関連する」ケースが最も大きいという誤解も聞かれるが、「引き起こす」ケースが最も大きく、「直接関連する」ケースが最も小さい。ただし、関連性が最も小さい「直接関連する」ケースであっても、企業が人権尊重責任を負っていることに変わりはない。

また、**日本企業にとっては特に、まさに「直接関連」のケースで深刻な人権侵害が生じているケースが少なくないこと**にも留意が必要である。典型的な「直接関連する」ケースとしては、自社製品の原材料の調達先企業が児童を労働させて

図表 2-12：負の影響の 3 類型[14]

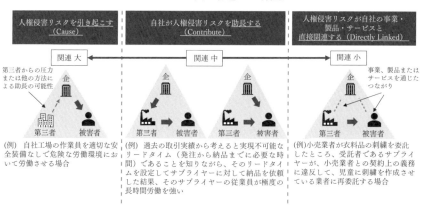

（出典）実務参照資料 12 頁

14）「人権侵害リスク」の語は、潜在的な人権への負の影響と同じ意味で用いられている（実務参照資料脚注 3）。

その原材料を採掘していたという場合が考えられる。このように、「直接関連する」ケースは、サプライチェーン上の企業やその他のビジネス上の関係先において発生する可能性が高いとされる[15]（OECD ガイダンス Q29 参照）。

さらに、**実際に生じている負の影響だけでなく、潜在的な負の影響も人権 DD の対象**となる。人権への負の影響が実際に生じると、その被害の回復は容易ではなく、不可能な場合もあることから、事前に負の影響を予防すること、そして、実際に負の影響が生じてしまった場合にはその再発を予防することが重要である（人権尊重ガイドライン 2.1.2.2 項）。

(3) 負の影響による責任範囲の限定

前記 ② (p.16) のとおり、「サプライヤー等」の範囲は極めて広範に及ぶ。一方で、対象となる企業における全ての負の影響に取り組むことが求められるわけではない（**図表 2-13**）。

すなわち、企業は、負の影響が①引き起こす（Cause）／②助長する（Contribute）／③直接関連する（Directly Linked）のいずれかの関係にある限り

図表 2-13：負の影響の視点から見た取組の対象範囲

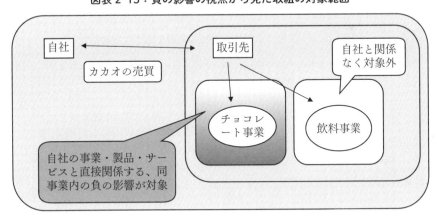

---

15) 「引き起こす」ケースは、一般的に、自社の事業に関連する活動において発生する可能性が高いとされている。

において対応を求められる。言い換えれば、そうした関係にない負の影響が生じていたとしても、企業は、その負の影響について対処する社会的責任を負わない。

Column

「影響力」ではなく「負の影響との関わり」が人権尊重責任の外縁を画す理由

前記②（p.16）のとおり、企業の人権尊重責任の外縁は、「影響力」の有無ではなく、自社と「負の影響」との関係性によって画される。

すなわち、企業は、自社が影響力を持たない他の企業における負の影響に責任を負わない、というわけではない。企業と負の影響との関係が、①「引き起こす」（Cause）／②「助長する」（Contribute）／③「直接関連する」（Directly linked）のいずれかに該当する限り、影響力の大小を問わず責任があると判断される。

国連指導原則の策定以前において、「影響力」の有無で人権尊重責任の外縁を画すという考え方も主張されていた。しかし、主に以下の３点から「影響力」の有無で人権尊重責任の外縁を画すことは適切ではないと考えられ、「影響力」の大小は、社会的責任の有無ではなく、企業による対応の程度において考慮することとされた（**図表 2-14**）。

図表 2-14：影響力の有無で責任の外縁を画すことの問題

①	企業は、遠く離れた人々の権利に負の影響を与えることがある。たとえば、インターネットサービスプロバイダーによるプライバシー権の侵害が、末端利用者を危険に晒すことがある。
②	企業が影響力を持つ可能性がある全ての主体の人権への負の影響に対処する責任を負うとすると、企業がその負の影響に全く無関係の場合にまで責任があると考えられてしまう。同時に、企業がその負の影響に関係していたとしても、企業が影響力を欠いていることを示した場合には、その責任を免除してしまうことになる。
③	企業が人権を尊重するべきとの社会的圧力に屈服するだろうという期待のもとに、政府が意図的にその事務の履行を怠ることがある。また、企業が、実態のない子会社を作り上げて外見上の影響力を最小限にし、責任を減少させまたはやり過ごそうとする可能性がある。

（出典）ラギー・Chapter 1 注3）92 頁以下より作成

5 「ステークホルダー」の意義

人権尊重の取組を議論する際に随所で登場する概念として、「ステークホルダー」(stakeholder) がある。ステークホルダーとは、企業の活動により影響を受けるまたはその可能性のある利害関係者（個人または集団）を指すと定義される（人権尊重ガイドライン2.1.2.3項）。

具体例として、「取引先、自社・グループ会社及び取引先の従業員、労働組合・労働者代表、消費者、市民団体等のNGO、業界団体、人権擁護者、周辺住民、先住民族、投資家・株主、国や地方自治体等」が挙げられる（人権尊重ガイドライン2.1.2.3項）。

人権尊重ガイドラインは「ステークホルダー」を細かく分類していないが、OECDガイダンスを踏まえると、**図表2-15**のように分類できる。

つまり、「ステークホルダー」は、利害関係者を広く包含する概念であり、

図表2-15：ステークホルダーの分類

分類	意義	例（安全な作業環境）
ステークホルダー	企業の活動により影響を受けるまたはその可能性のある利害関係者（個人または集団）	従業員全体
関連ステークホルダー	**具体的な活動に関して考慮すべき利害**を持つ個人および集団	A工場に勤務する従業員
影響を受ける（可能性のある）ステークホルダー	**影響を受けている**ステークホルダーまたは現在は影響を受けていないが**今後受ける可能性のある**ステークホルダー ※人権に限られない	A工場において製造ラインで勤務する従業員
ライツホルダー	**個人の人権または集団的権利**（先住民等の集団等が保有する権利）が影響を受けるかまたは影響を受ける可能性のあるステークホルダー ※人権・集団的権利に限られる	A工場において製造ラインで怪我をする（可能性のある）従業員

（出典）分類および意義につきOECDガイダンスQ8より作成

実際のまたは潜在的な「人権」への負の影響を受けている者（企業として負の影響の防止・軽減を実施すべき対象となる者）に限定されない。そのため、NGOや業界団体といった直接人権への負の影響を受けるわけではない者も含まれる。

そうしたことから、より「人権への負の影響」に着目し、**実際に「人権」への負の影響を受ける（可能性のある）者を指す語として、「ライツホルダー」（権利保有者）が用いられることがある。**

人権尊重の取組は、「人権」への潜在的な負の影響を防止・軽減し、実際に生じてしまった負の影響については救済を提供していくものであるから、ステークホルダーの中でも、**いわば「被害者」である（「被害者」になり得る）ライツホルダーの視点がより重要である**と考えられる。以上の整理を**図表 2-16** に表している。

図表 2-16：ステークホルダーの分類

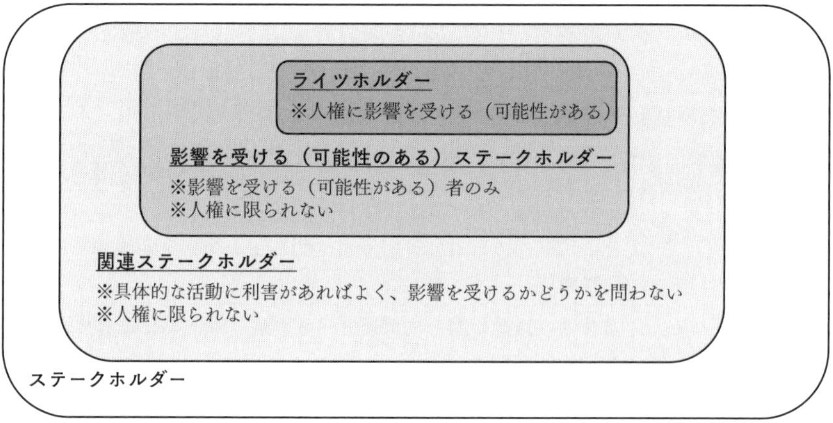

ンス」（A/HRC/47/39/Add.2）[16] によれば、世界的には、人権擁護者が、人権へ
の負の影響について懸念を表明することを理由に、攻撃や脅威に晒されること
があり、近時、この傾向が強くなっているとも指摘されている（人権ガイドラ
イン脚注 34）。

　同ガイダンスは、企業が人権擁護者の人権を尊重するために採ることが考え
られる手段を列記しており、参考になる（図表 2-17）。人権尊重ガイドライン
脚注 34 では、図表 2-17 の一部を踏まえた記述[17] がなされている。

図表 2-17：人権擁護者を尊重する重要なステップ

● 人権擁護者に対するリスクに関し人権尊重責任を果たすことは、**人権擁護者による活動、行動および不作為が、人権擁護者に対する報復、暴力または汚名につながらないことを、最低限意味する**ことを認識する。 ● 人権デュー・ディリジェンスおよび影響評価に関する方針と手続を通じて、人権擁護者の権利に対するコミットメントを理解して示す。 ● たとえば、スラップ訴訟（SLAPP）[18] を含む**根拠のない法的措置を開始したり、脅迫の手段として当局に通報したりするなど、人権擁護者を不当なリスクに晒してはならない**。スラップ訴訟は、責任あるビ	● 影響を受けるステークホルダー、市民社会組織、人権擁護者、労働組合と定期的かつオープンに関わることで人権デュー・ディリジェンスの方針とプロセスを継続的に強化し、潜在的および実際の影響への対応に関し透明性を確保する。 ● **人権擁護者に対するリスクを積極的にモニタリングし**、ステークホルダーと労働者の関与、特により高いリスクに晒されている人々とのエンゲージメントに関しオープンで包括的な姿勢を持つことで、予防的なアプローチを採用する。 ● 人権擁護者が提起した懸念への対応に加え、人権擁護者が直面した人権リスクと報復、そしてそれら

16）"The UN Guiding Principles on Business and Human Rights: guidance on ensuring respect for human rights defenders"

17）「企業は、根拠のない法的手段を採って人権擁護者を不当な危険に晒したり、人権擁護者を脅す手段として当局に報告したりしてはならないことに留意すべきである。」

18）Strategic Lawsuits Against Public Participation の頭文字から構成される用語であり、英国政府の「Policy Paper　Factsheet: strategic lawsuits against public participation（SLAPPs）」（2023 年 6 月 20 日更新）によると、SLAPP は、典型的には、企業または個人が、法制度の不適切な利用を通じて、相手方に嫌がらせを行い、相手方を威嚇し、または、経済的もしくは心理的に相手方を疲弊させることを意図して採る法的措置を意味するとされる。なお、2023 年 6 月に改訂された OECD 多国籍企業行動指針では、一般方針の章において、スラップ訴訟にも言及がなされた。

ジネスと相容れず道義的に基づき活動する限りにおいて見当違いであるだけでなく、広く人権を尊重する企業のコミットメントの信頼性を破壊するものでありスラップ訴訟に関与することは貧しい戦略的なセンスを反映していることを認識する。

● ビジネス関係において、人権擁護者が尊重され、それが維持されるように影響力を行使する。

● 人権デュー・ディリジェンスが、より高い一貫性を実現するためのツールであることを認識する。プロセスの一環として**地域のリーダーや人権擁護者が重要な専門家として扱われる人権デュー・ディリジェンスを実施する**。これは、企業が現場で影響を受ける個人とコミュニティの懸念を理解することを可能にする。

が企業によってどのように対処されたかについて、できる限り透明性を確保する。このような報告は、人権擁護者の意思を尊重し、また人権擁護者を報復から保護する方法で行われるべきである。

● **人権擁護者に対する高いリスクに対応し、複数のチャネルからアクセスできる、事業レベルの苦情処理メカニズムを構築・運用する。**これは、機密性を守り、匿名性を確保する。

● 人権擁護者への攻撃に対処する明確なプロトコルを整備する。これは、人権擁護者に対する脅威に関する申立てを受け付け、調査し、対応する責任を持つ個人を任命すること、および、同じ行動の再発を防止するために教訓を学ぶことを含む。

（出典）「人権擁護者のための人権尊重の確保に関するガイダンス」（英文）より作成

（太字は筆者）

　日本企業においても、人権擁護者に対する自社の姿勢を人権方針やウェブサイト等で明示する例が見られる（**図表 2-18**）。

図表 2-18：人権擁護者に言及している例

企業名	内容
サントリーグループ（ウェブサイト）	人権擁護者が果たす重要な役割を理解し、人権擁護者を対象にしたあらゆる差別や暴力を一切認めず、サントリーグループのサプライヤーにも同じ姿勢を要請します。また、人権デュー・ディリジェンスを推進する上で人権擁護者は協働できるステークホルダーとして位置づけています。
ライオングループ（人権方針）	ライオングループは、特に人権擁護者に対する脅迫や威圧等、他者が引き起こす人権への負の影響に加担しません。

（出典）サントリーグループのウェブサイトおよびライオングループ人権方針

OECD 多国籍企業行動指針は、2023 年 6 月改訂時に、人権の章において、企業は、たとえば人権擁護者等の高いリスクに晒される可能性がある個人への特定の負の影響に特別の注意を払うべきであるとして、人権擁護者に初めて言及した。企業には、人権擁護者の人権を尊重する（侵害しない）ことがますます求められている。

Chapter 3
人権尊重の取組に求められる姿勢・考え方

人権尊重の取組の全体像（①人権方針、②人権DD、③救済）の全てに共通する、重要な姿勢や考え方がある。いずれも「当たり前」のように見えるものの、取組を着実に、かつ、適切に進めていく上で非常に重要であり、こうしたポイントを十分に理解・実践できているかどうかは、取組の効果に大きく影響する。

1 経営陣のコミットメントの重要性

（人権尊重ガイドライン 2.2.1 項）

　負の影響は、事業活動の様々な場面で生じるものであり、人権尊重の取組は、採用、調達、製造、販売等を含む**様々な場面で実施**するものである（**図表 3-1**）。

図表 3-1：企業が各場面で関与し得る負の影響の例

採用	・性的マイノリティであることのみをもって採用しない。
調達	・強制労働によって生産されている原材料を購入する。
製造	・製造委託先の工場で、使用者が従業員のパスポートを管理している。
販売	・販売する自社の製品が深刻な人権侵害に誤用される。

したがって、人権尊重の取組には**全社的な関与を必要とし**、また、**予算や人員を要する**。そのため、いかに担当者が意欲的であっても、そうしたリソース等を確保できなければ取組を十分に進めていくことは難しく、その前提として経営陣から十分な理解を得る必要がある。しかしながら、その理解を得ることが難しいという声も少なくない。そうしたことを踏まえ、人権尊重ガイドラインは、経営陣によるコミットメントが「極めて」重要であるとして、**経営陣に対して、人権尊重に取り組むことの約束とともに、積極的・主体的な関与を求めている**。

　多くの企業は、人権方針を通じて経営陣がこのコミットメントを表明している。

Column 　人権尊重の取組と取締役の善管注意義務

　人権尊重の取組と取締役の善管注意義務[1] という意味では、大きく、①取り組むことによる問題（作為）、②取り組まないことによる問題（不作為）という二つの方向性の議論が考えられる。

　まず、①については、取締役には法令に違反しない限り広範な裁量が認められており（経営判断原則）、人権尊重の取組を行うこと自体が会社にコストを生じさせるものとして善管注意義務違反を引き起こす、という考え方は現在ではとられていないといえるだろう[2]。

　問題は、②である。国内において人権尊重の取組が義務化された場合には、その義務を課す法令を遵守しない裁量は取締役に与えられておらず、法令を遵守しない場合に善管注意義務違反が生じることには議論がない。また、ここでいう「法令」には適用を受ける外国法令も含むと解されるところ[3]、たとえば、ドイツのサプライチェーン法の適用を受けるにもかかわらずそれを遵守しない

1）取締役は、善良な管理者の注意をもって、委任事務（取締役としての業務）を処理する義務、いわゆる善管注意義務を負うとされている（会社法 330 条・民法 644 条）。

2）国連指導原則に基づく企業の社会的責任について言及したものではないが、田中亘『会社法〔第 4 版〕』（東京大学出版会、2023 年）263 頁は、「慈善活動や CSR 経営」について、「社会全体の利益となるため、それを行うことは社会的に期待されているがゆえに、相当な範囲では、会社・株主の利益になるか否かを問わず行うことが許容されると解するほうが、現実の取締役の行動動機および社会一般の規範意識とも合致するように思われる」とする。

3）岩原紳作編『会社法コンメンタール（9）　機関 [3]』（商事法務、2014 年）249 頁〔森本滋〕。

（といえる程度に人権尊重の取組を行わない）ことも、善管注意義務違反を生じ
させるものであることは明らかである。

　では、（国内・海外を問わず）人権DDの法的義務を課されていない企業の取
締役が、不十分な人権尊重の取組ゆえに善管注意義務違反を問われるといえる
か。この点について、人権尊重ガイドラインは法的拘束力を有するものではな
い（人権尊重ガイドライン1.3項）。そのため、同ガイドラインの存在ゆえに、
取組の不実施が直ちに善管注意義務違反を構成するとは考えがたい。

　他方で、前記Chapter 1 ② (2) (p.9) のとおり、人権尊重の取組は、様々な
リスクを抑制するものであることからすると、取組の不実施は、場合によって
は、甚大な損失につながる可能性にあるリスクを無視または放置するものとも
なり得る。もちろん、あらゆるリスクを未然に防止することはできないし、そ
もそも、取締役としてそうしたリスクを具体的に予見・認識することは難しい
場合が通常と思われる。しかし、たとえば、自社のサプライチェーンの中で具
体的に深刻な人権侵害が生じている旨の指摘を受け、その指摘には合理性があ
る場合、多大なコストが生じ得るリスクが顕在化している状況にあるとも考え
られる。そうしたリスクを認識しながら何らの対応を行わないという場合など、
善管注意義務の問題が生じる場合もあると考えられる。

　以下の考え方を**図表3-2**に整理している。

図表3-2：人権尊重の取組と善管注意義務の論点と考え方

	論点	考え方
①	人権DDをはじめとする**人権尊重の取組を行うこと**が善管注意義務違反を生じさせないか	原則、善管注意義務に違反しない。
②	**人権尊重の取組が不十分であること**が、役員の善管注意義務に影響を及ぼすか	法的義務のある場合 ⇒原則、善管注意義務に違反する。
		法的義務のない場合 ⇒原則、善管注意義務に違反しない。ただし、個別具体的な事情によっては、善管注意義務違反の問題が生じ得る。

② 潜在的な負の影響がいかなる企業にも存在すること
（人権尊重ガイドライン 2.2.2 項）

　企業は、従業員、取引先をはじめとする様々なステークホルダーとの関係の中で事業を行っている。そうである以上、いかなる企業もそうしたステークホルダーの人権に負の影響を与える可能性があり、「潜在的な負の影響」（人権侵害リスク）は常に存在している。

　たとえば、米国労働省「児童労働又は強制労働によって製造された製品リスト」（List of Goods Produced by Child Labor or Forced Labor）によれば、強制労働・児童労働だけでも世界 78 か国において 159 品目について指摘されており、これらの品目と関連する企業において、自社の事業を通じて強制労働・児童労働と一切関わりがないと考えることは容易ではないだろう。

　このように、人権侵害リスクは決して他人事ではない。しかし、「人権侵害は当社には一切存在しない」と経営者が誤解している場合も少なくないと聞く。こうしたことから、いかなる企業にも（少なくとも）潜在的な負の影響は存在することが明記された。

　以上を踏まえると、**潜在的な負の影響の存在を隠したり否定したりする企業の姿勢は、現実にそぐわない。そうではなく、負の影響が存在するという前提に立ち、いかにそれらを特定し、防止・軽減していくかという姿勢で取り組む**ことが大切である。

③ ステークホルダーとの対話の重要性
（人権尊重ガイドライン 2.2.3 項）

　ステークホルダーとの対話[4]は、負の影響の実態やその原因を理解し、負の影響への対処方法の改善を容易にし、ステークホルダーとの信頼関係の構築を促進する（人権尊重ガイドライン 2.2.3 項）。このことの具体的な意味を、例を通

---

4) 国際スタンダードで使用されている「ステークホルダー・エンゲージメント」と異なる概念を設ける趣旨ではなく、わかりやすさの観点から、「ステークホルダーとの対話」と記載している（人権尊重ガイドライン脚注 22）。

じて考えたい。

　たとえば、自社工場において危険な環境で業務に従事している従業員がいないかを確認する場面を想定する。この際には、その工場に実際に訪れて業務の様子を確認することがまず考えられる。しかし、日ごろからその工場で勤務していなければ、現場を訪れたとしても、どのような状況が危険であるのか、また、どのような施策を講じれば危険を除去・軽減することができるのか、正確に理解することは必ずしも容易ではない。

　そこで、現場で働いている従業員に対して、危険な状況やあり得る予防策を確認することが重要であり、そうすることで、どのような負の影響が、なぜ生じているのか、深く理解することができる。また、こうした対話を通じて従業員の安全に対する真摯な姿勢を示すことができ、従業員との信頼関係にも良い影響が生じ得る。**負の影響は、ステークホルダーに生じるからこそ、その適切な解決には、ステークホルダーとの対話が必須なのである。**

　ステークホルダーとの対話は、文字どおりの「対話」（会話すること）のみを指すものではなく、「ステークホルダーと対話すればそれで十分」という理解は適切ではない。ステークホルダーとの対話とは、「企業と潜在的にその影響を受けるステークホルダーの間の意思の疎通および対話の持続的なプロセスで、共同でのアプローチによるものを含め、企業がそれらの者の関心や懸念に耳を傾け、理解し、対応することを可能にするもの」と説明される[5]。

　すなわち、ステークホルダーとの対話は、**「関心や懸念に耳を傾け」**るだけではなく、**「対応」すること、すなわち、対話を経て得た関心や懸念を踏まえて行動していくことまでを含む概念である**といえる。前記場面（自社工場において危険な環境で業務に従事している従業員がいないかを確認する場面）を想定して、人権DDの４つのステップごとに具体例を記載している（**図表 3-3**）。

　なお、ステークホルダーとの対話は、企業がステークホルダー（前記例では従業員や労働組合）の主張に従うことを求めるものではない。企業とそれを取り巻くステークホルダーとは、時にそれぞれの利害が対立し得るが、そうであるからこそ、企業には、ステークホルダーの状況や立場を理解した上での判断や対応が求められる。

5）「人権尊重についての企業の責任－解釈の手引き－」の「I. 主要概念」。

図表 3-3：ステークホルダーとの対話の具体例

特定・評価	・工場を訪問し、従業員や労働組合との間で、危険な作業環境があるか、どのような予防策が効果的かなどについて議論する。
防止・軽減	・前記議論を踏まえて、事故を防止するための予防策を検討・導入し、その内容や使用方法について、従業員等に説明する。
取組の実効性の評価	・予防策が当初想定していたとおりの効果を上げているか調査をするとともに、従業員等から実際にその予防策が役立っているか聴取する。
説明・情報開示	・導入した予防策について、前記の従業員等の受け止めも踏まえた会社としての見解や、予防策の今後の取扱い（継続予定等）を説明する。

実際の取組例（味の素）

　味の素は、以下のとおり、ブラジルにおいて様々なステークホルダーと対話し、リスクの高い負の影響の特定を行っており、ステークホルダーとの対話の一つの例である。

・ブラジルにおける人権影響評価（2021 〜 2022 年）
　サトウキビ・コーヒー豆産業を中心に味の素グループのバリューチェーンに関わる製造工場や農家、国際 NGO や国家人権機関、業界団体等に対する対話、インタビュー調査を実施（Covid-19 の影響によりオンライン形式にて実施）。
〈結果概要〉
　ブラジル国内の法制度は整備されているものの救済メカニズムが不十分であること、さらに当社グループの調達地域は機械化が進んでいるものの、手作業の多い地域での人権リスクが高いことが明らかとなった（対策検討中）。

（出典）味の素 ウェブサイト

（人権尊重ガイドライン 2.2.4 項）

　通常、企業が取組を求められる人権への負の影響は多数かつ広範にわたると
考えられ、全ての負の影響に直ちに対応することは一般的に困難である。この
ような場合、優先順位の高い負の影響への対応を先行させる（人権尊重ガイド
ライン 2.2.4 項・国連指導原則 24）。

　優先順位は、後記 Chapter 5 ④ （p.105）のとおり、人権への負の影響の深刻
度の高低により判断される。同等に深刻度の高い潜在的な負の影響が複数存在
する場合には、まず、蓋然性の高いものから対応することが合理的である（**図
表 3-4**）。

　深刻度および蓋然性を考慮した上でなお優先順位の高い負の影響が複数存在
する場合において、人権尊重ガイドライン 2.2.4 項は、自社および直接契約関
係先において自社が引き起こしまたは助長している負の影響を優先させる方針
を一つの考え方として示している。これは、一般的には、これらの負の影響に
ついては、企業による防止・軽減の効果を見込むことができる可能性が相対的
に高いと考えられることなどによる。ただし、その他の考え方を否定するもの
ではなく（人権尊重ガイドライン脚注 39）、各社における個別具体的な状況を踏

図表 3-4：優先順位付けの考え方の概要

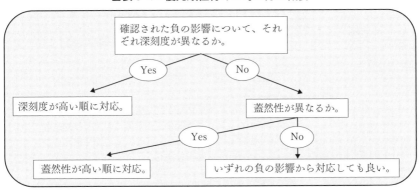

（出典）人権尊重ガイドライン 2.2.4 項より作成

まえた検討が必要である[6]。

Column　　　　**経営視点での重要性を考慮して優先順位を付けることの是非**

　人権尊重の取組は、前記 Chapter 2（p.13）のとおり、**経営リスクではなく人権侵害リスクに着目**したものである。そのため、経営視点での重要性（例：調達金額の大きい原材料から優先して対応していく）を取り込んで優先順位を付けていくことは、人権尊重の取組の本旨に整合しないという指摘もあり得るが、個別具体的な状況によっては、以下のとおり、そうした優先順位付けも人権尊重の視点から合理的と考えられる。

　対応の優先順位は人権へ負の影響の深刻度を基準にするものであるところ、深刻度は、①規模（人権に対する負の影響の重大性）、②範囲（負の影響の及ぶ範囲）、③救済困難度（負の影響が生じる前と同等の状態に回復することの困難性）という３つの基準で判断される（後記 Chapter 5 ④（p.105））。そして、３つの要素のうち特に範囲（②）については、規模の大きい事業の方がより広いと考えられる。たとえば、売上高１億円のＡ事業と、売上高 1000 億円のＢ事業とがあり、いずれの事業においても児童労働リスクが指摘されている原材料を使用している場合を想定する。このとき、Ｂ事業の方がその原材料の調達金額が大きいとすると、Ａ事業の原材料と比較して、より多くの児童がＢ事業で使用する原材料の生産に関わっていると推測することも合理的といえるだろう。

　そうすると、Ｂ事業を通じた人権侵害リスクを受ける人々やコミュニティは、Ａ事業のそれよりも広範囲にわたることとなり、むしろ人権侵害リスクに着目した結果として事業規模のより大きい事業の方が負の影響の深刻度が高いと考えることも合理的といえる[7]。その意味において、**事業規模の大きい分野から優先的に取り組むことは、人権侵害リスクに着目した判断と整合し得る**と考えることができる。

6）たとえば、ある企業が、コバルトやカカオなどの深刻な児童労働が長年指摘されている産品を製品に使用している場合、その企業が児童労働を引き起こしまたは助長しているとは考えがたく、自社の製品と直接関連しているのみとしても、その児童労働についてまず防止・軽減に取り組む、ということも十分に考えられる。

7）影響の規模（①）や範囲（②）が大きければ大きいほど、救済困難度は増大することが多く（「人権尊重についての企業の責任―解釈の手引き―」問 88）、そうであるとすると、その結果として深刻度が高くなると考えられる。

5 各企業が協力して人権尊重に取り組むことの重要性
（人権尊重ガイドライン 2.2.5 項）

　人権尊重の取組は、企業がその取引先に対して人権 DD をはじめとする対応を要請する側面を持つため、企業間で利益が対立する可能性がある。このことを踏まえると、取組にあたっての企業間の関係には、様々な考え方があり得る。

　たとえば、EU 指令案（CSDDD）は、企業に対して、一定の場合には取引先から契約上の保証を得ることを求める（seek contractual assurances）とともに(EU 指令案 7 条 2 項(b))、直接の取引関係にある取引先から行動規範を遵守する旨の契約上の保証を得て、かつ、その遵守を確認するための適切な施策が行われている場合には、一定の損害について賠償責任を免ずることとしている（同指令案 22 条 2 項）。

　こうした考え方は、「企業 A →企業 B →企業 C →企業 D（上流）」というサプライチェーンがある場合において、企業 A が企業 B に対して企業 C および企業 D における人権尊重の取組を、企業 B が企業 C に対して企業 D における人権尊重の取組を求めることを促進すると思われる。その結果として、サプライチェーンの末端に進むにつれて企業規模が小さくなる傾向もあると一般的に考えられる中で、そうした中小規模の企業に対して、人権尊重の取組について特に重い負担が課せられることになる旨の指摘も考えられる（**図表 3-5**）。

　かかる指摘にも合理的な側面があるといえる。一方で、ある企業（企業 A）が契約上の定めをもって取引先（企業 B）に対して、その取引先（企業 C）や

図表 3-5：サプライチェーンの末端に偏り得る負担

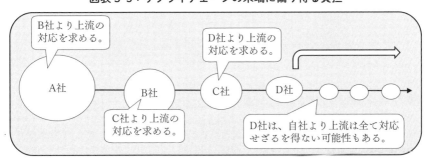

その先（企業D）における取組を要請すること自体を否定するべきではない[8]。

　そうしたことを踏まえ、上記例の企業Aは、企業Cおよび企業Dにおける人権尊重の取組を企業Bに全て委ねるのではなく、企業Bと協力しながら企業Bよりも先のサプライヤー等における人権尊重の取組に努めることが重要であるとしている。

実際の取組例（ファーストリテイリング）

　ファーストリテイリングは、サプライヤー工場における苦情処理委員会の設置を通じて、サプライヤーにおける負の影響の防止・軽減を支援しており、企業間での協力の一事例である。

> 抑圧とハラスメントは、労働環境や労働者の精神的・肉体的な健康状態に悪影響を及ぼします。健康的な労働環境の実現のために、労働者が抑圧とハラスメントを受けることなく働ける環境を作ることは極めて重要です。ファーストリテイリングはいかなる形の抑圧・ハラスメントも容認しません。「生産パートナー向けのコードオブコンダクト」にも、従業員の尊厳を守ることが明記されています。ファーストリテイリングのホットラインでこれまでに受け付けた相談内容と、カントリーリスクを分析したところ、特にバングラデシュの工場におけるハラスメントの防止と改善が重要事項であることが判明しました。対策の一つとして、2019年より、現地NGOのアワジ財団（Awaj Foundation）、チェンジ・アソシエーツ社（Change Associates Ltd.）と協働し、工場に苦情処理委員会を設置するプロジェクトを進めています。苦情処理委員会は、5人以上から構成され、委員長および委員の過半数を女性とし、委員のうち2名は工場外から招へいする必要があります。隔月で開催され、ハラスメント防止に関する方針やガイドラインを策定し、ハラスメントの調査や調停の役割を担います。

（出典）ファーストリテイリング ウェブサイト

---

[8] ただし、たとえば、企業が、製品やサービスを発注するにあたり、その契約上の立場を利用して取引先に対し一方的に過大な負担を負わせる形で人権尊重の取組を要求した場合、独占禁止法や下請法に抵触する可能性がある点には留意が必要である（人権尊重ガイドライン2.2.5項）。この点について、後記Column「人権DDと競争法」（p.133）参照。

Chapter 4
人権方針

人権尊重の取組は、人権方針の策定・公表から始まる。企業が人権尊重へのコミットメント（約束）を表明する人権方針は、コミットメントの表明それ自体の重要性はもちろんであるが、その策定過程において特に社内の理解を得て策定後に取組を着実に実施していくためにも、非常に重要である。

1 意義・要件

（人権尊重ガイドライン3項）

(1) 概要

人権方針は、企業がその人権尊重責任を果たすという企業によるコミットメント（約束）を、企業の内外に向けて表明するものであり、5つの要件を満たすべきとされる（人権尊重ガイドライン2.1.1項・国連指導原則16[1]）（**図表4-1**）。

なお、要件④および要件⑤は、人権方針の策定後の取組を必要とするものであるため、人権方針を策定する時点においてこれらの要件を満たすべきという趣旨ではない。

---

1) 国連指導原則16は、人権方針（human rights policy）ではなく、方針の声明（statement of policy）の語を用いているものの、同時に「方針の声明」を「人権を尊重する責任を定着させるための基礎」と位置付けていることから、国連指導原則16は、「人権方針」について説明していると理解できる。

図表 4-1：人権方針が満たすべき 5 要件

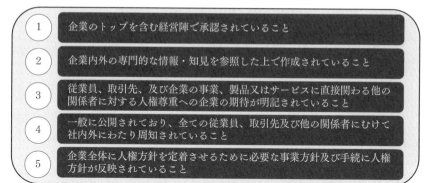

1　企業のトップを含む経営陣で承認されていること

2　企業内外の専門的な情報・知見を参照した上で作成されていること

3　従業員、取引先、及び企業の事業、製品又はサービスに直接関わる他の関係者に対する人権尊重への企業の期待が明記されていること

4　一般に公開されており、全ての従業員、取引先及び他の関係者にむけて社内外にわたり周知されていること

5　企業全体に人権方針を定着させるために必要な事業方針及び手続に人権方針が反映されていること

（出典）人権尊重ガイドライン 3 項より作成

（2）　各要件の解説

ア　要件①－トップを含む経営陣の承認

　企業のトップを含む経営陣による承認がなされていればよく、取締役会等の法定の機関であるか、CSR 委員会といった任意の機関であるかを問わない（実務参照資料脚注 4）。

　後記②（2）（p.69）のとおり、人権尊重の取組を十全に進めていく環境を構築するという趣旨を実現できるように、「企業のトップを含む経営陣」が含まれる会議体による承認がなされていれば足りると考えられるからである。

イ　要件②－専門的な情報・知見

　たとえば、ビジネスと人権に精通した弁護士等の専門家から助言を得ることが想定される。もっとも、そうした専門家からの助言が必須というわけではなく、専門的な資料を参照することでもよい。

　ここでいう「資料」は、「信頼できる」（credible）ものである必要がある（国連指導原則 16 解説）。そうした資料としては、たとえば、実務参照資料で言及している国連人権高等弁務官事務所等の「企業のためのガイド：人権方針を策定する方法」（英文）[2] が挙げられる。同ガイドを踏まえて作成されている経済産業省の実務参照資料も、ここでいう「資料」の一つと考えられる。

ウ　要件③－関係者への期待

　国連指導原則が唯一、人権方針の内容について明記している要件であり、後記 ③（3）（p.74）を参照いただきたい。

エ　要件④－公開・周知

　まず、自社のホームページなどで人権方針を「公開」することが必要である。その上で、対外的にも「周知」されている必要がある。

　このように、「公開」と「周知」とは別の要件である。たとえば、自社の従業員に対して、ホームページ上で「公開」している人権方針について、併せて「周知」のための行動（例：研修の実施）をとることが適切と考えられる。

　ただし、必ずしも全ての場合において、「公開」とは別に「周知」のための手続が必要となるわけではない（人権尊重ガイドライン脚注46）。実務的には、自社の従業員や直接取引先といった自社にとって近くより重要と考えられるステークホルダーに対しては、説明会等における説明等を通じて、その内容を理解してもらえるようにする必要があるだろう（**図表4-2**）。

図表 4-2：公開と周知の例

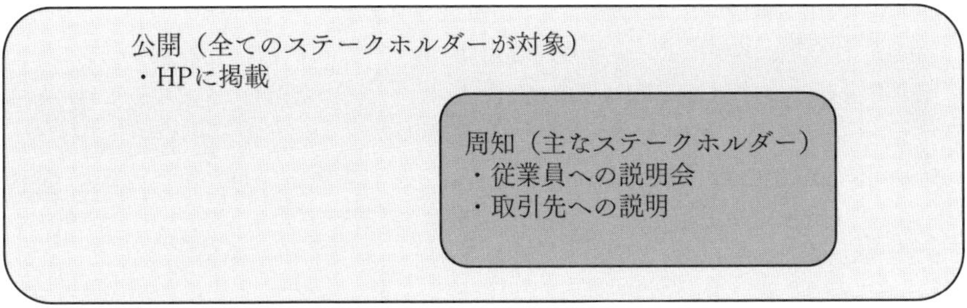

公開（全てのステークホルダーが対象）
・HPに掲載

周知（主なステークホルダー）
・従業員への説明会
・取引先への説明

オ　要件⑤－事業方針・手続等への反映

　人権方針は、国際的に認められた人権を尊重する旨のコミットメントを表明することにまず意味があるが、そのコミットメントに従い人権尊重の取組を実践していく必要がある。前記 Chapter 3 ①（p.53）のとおり人権尊重の取組は

2）"A Guide for Business: How to Develop a Human Rights Policy".

企業の活動全体を通じて実施されるようにするためには、関連する事業方針および手続に、人権方針の内容や趣旨を反映していくことが重要となる。

　そして、「事業方針および手続」には、行動指針や調達指針が含まれる（人権尊重ガイドライン脚注44）。人権方針への具体的な反映の内容には様々なものが考えられるが、たとえば、調達指針において、調達取引先に一定の人権への負の影響を生じさせないように求めることや、サプライヤー行動規範において、自社の人権方針における重要な考え方等を記載し、サプライヤーに対してそれらの理解や尊重を求めることも考えられる。

実際の取組例（セブン＆アイ・ホールディングス）

　セブン＆アイ・ホールディングスは、持続可能な調達原則・方針において、その人権方針の内容を反映している。

持続可能な調達原則

原則１．コンプライアンス・国際的な規範の尊重
原則２．人権の尊重
原則３．環境・生物多様性保全と課題への対応
原則４．社会課題解決への貢献
原則５．ステークホルダーとの対話と協働
原則６．新しい技術の活用

持続可能な調達方針
[中略]
2．人権の尊重
1)「セブン＆アイグループ人権方針」に基づき、バリューチェーン上のすべての人の人権を尊重した調達活動を推進します。
2) 以下の9つの項目を重点的に取り組みます。
　　① 非人道的な扱いの禁止
　　② 強制労働の禁止
　　③ 児童労働の禁止
　　④ 差別の禁止
　　⑤ 安全で衛生的かつ健康的な労働環境の提供
　　⑥ 適切な労働時間の管理

---

⑦　適切な賃金の確保

⑧　子どもの権利の尊重

⑨　安全な商品・サービスの提供と倫理的なマーケティングや広告活動

［後略］

（出典）セブン＆アイ・ホールディングス ウェブサイト

② 策定プロセス

（人権尊重ガイドライン 3.1 項・3.2 項）

　人権尊重ガイドラインは、国連指導原則 16 を踏まえ、人権方針の要件としての策定プロセスについて、前記① (p.63) のとおり、「企業内外の専門的な情報・知見を参照した上で作成」することと、「企業のトップを含む経営陣で承認」されることを規定するのみである。他方で、人権方針は策定して終わりではなく、策定後には具体的に実践していくことが求められるため、検討段階から社内の様々なメンバーが関与することが望ましいといえる。これらを踏まえた策定プロセスの例を**図表 4-3** に記載している。

図表 4-3：人権方針策定のプロセス例[3]

プロセス	ポイント
①自社の現状把握	▶社内各部門からの知見収集、ステークホルダーとの対話・協議等を通じた、自社が関与し得る人権侵害リスクについての確認。（ガイドライン 3.1）
②人権方針案作成	▶上記も踏まえつつ、記載すべき項目を検討
③経営陣の承認	▶企業のトップを含む経営陣（例：取締役会）の承認（ガイドライン 3）
④公開・周知等	▶自社ホームページへの掲載など一般への公開（ガイドライン 3.1） ▶従業員、取引先、関係者への周知（ガイドライン 3.1）

（出典）実務参照資料 3 頁

3）**図表 4-3** 中の「ガイドライン」は、人権尊重ガイドラインを指す。

(1) 自社の現状把握（プロセス①）

　企業が人権方針によりコミットメント（約束）を行う人権尊重責任は、企業に対し、自社が①引き起こし（Cause）、②助長し（Contribute）、または、③自社の事業・製品・サービスと直接関連する（Directly linked）人権への負の影響を防止・軽減し、救済を提供することを求める。

　人権尊重責任を果たす旨を抽象的に宣言すること自体は、直ちに実施可能かもしれない。しかし、形式的にとりあえず人権方針を作るといった姿勢では、人権方針を実践していく具体的な行動に結び付かず、かえって、人権方針でのコミットメントを実現しようとしていないなどと批判を受ける可能性すらある。こうしたことを踏まえ、**人権尊重責任に基づき自社にどのような具体的な対応が求められるかを事前に検討し、理解した上で、人権方針を策定することが重要**である。したがって、まずは、自社が影響を与える可能性のある人権を把握する必要があるのである（人権尊重ガイドライン3.1項）。

　自社が影響を与える可能性のある人権を把握するに際しては、人権方針策定の主担当部門だけで検討するのではなく、(i) 社内の各部門（例：営業、人事、法務・コンプライアンス、調達、製造、経営企画、研究開発）から知見を収集すること、(ii) 自社業界や調達する原料・調達国の事情等に精通したステークホルダー（例：労働組合・労働者代表、NGO、使用者団体、業界団体）との対話・協議を行うことが大切である（人権尊重ガイドライン3.1項）。

　自社内の各部門の事業がそれぞれ異なる観点で人権に負の影響を与える可能性があり、それらを可能な限り把握し理解するためには、それぞれの負の影響に直接関わる各部門と議論することが望ましく（上記 (i)）、また、自社内部の視点では把握しがたい負の影響についても理解する観点から、ステークホルダーとの対話・協議を行うことが有用である（上記 (ii)）。

　人権尊重の取組は、自社のある部門内における取組で完結せず（人権尊重ガイドライン2.2.1項）、人権尊重の取組を主として担当する部門を決定した場合でも、それ以外の部門との積極的な連携・協働が必要になる。**当初から自社内の様々な部門が横断的に関与することで、その後の人権方針の具体的な実践につなげやすくなる。**

(2) 企業のトップを含む経営陣の承認（プロセス③）

　実務参照資料では、人権方針の要件の一つである企業トップを含む経営陣の承認（人権尊重ガイドライン3項）について、その主体として取締役会を例示するとともに、「企業のトップを含む経営会議やサスティナビリティ委員会といった任意の会議体による承認」もあり得るとした（実務参照資料脚注4）。

　人権尊重ガイドライン2.2.1項は、「経営陣によるコミットメントが極めて重要である」という項目を設け、経営陣による積極的・主体的な関与の重要性を強調しており、人権尊重の取組を十全に実施していくためには、その第一歩である人権方針の策定・公表段階からトップを含む経営陣が関与していくことが重要であることを示している。逆に言えば、経営陣の関与なく人権方針を策定した場合には、人的・経済的リソースが十分に割かれず、結果として人権方針は策定されたが実態が伴わない（人権尊重の取組が行われない）ことになる可能性も否定できない。

　「トップを含む経営陣の承認」が要件とされたこのような趣旨が実現される限り、法定の機関であるか任意の機関であるかを問わず、「企業のトップを含む経営陣」（人権尊重ガイドライン3項）の要件が、特定の機関や地位に限定されるものではないと考えられる。

実際の取組例（アシックス）

　アシックスは、国際文書等を参照するとともに、様々なステークホルダーとの対話を行った上で、人権方針を策定している。

①	● 国内外の人権関連報告書やニュース記事などのデスクリサーチを経て、世界的な人権課題の動向の把握 ● ビジネスと人権に関する指導原則などの国際規範、ESG評価機関の評価項目などから人権方針及び人権デュー・ディリジェンスに求められる要素を精査
②	● 人権影響評価（インパクトアセスメント）として、サプライヤーとの意見交換やNGOや社内の幅広い部門（人事総務部門、生産部門、サステナビリティ部門、お客様相談室、マーケティング部門）及び労働組合へのヒアリングを実施

③	● ASICS の人権の重要分野やこれまでの取り組み、課題を考慮し人権方針を策定 ● ILO 駐日事務所からの技術的インプットとダイアローグ
④	● 取締役会で承認、CEO による署名

（出典）アシックス ウェブサイト

(3) 人権方針の改定

人権尊重ガイドライン 3.2 項は、「人権 DD の結果等を踏まえ必要に応じて人権方針を改定することも有用」と人権方針の改定に言及している。

もちろん、人権方針は、頻繁な改定が予定されているものではない。他方で、戦争や内乱、感染症の流行を含む様々な社会状況の変化によって人権の状況——たとえば、深刻な負の影響に晒される人権の種類やライツホルダー——は常に変化する可能性がある。また、新しい国・地域への事業進出や、新しい事業領域の開拓によって、従前は関係のなかった新しい人権課題に直面することもある。さらに、人権 DD を継続的に実施していく中で、自社にとって重要な人権課題が明らかになることもある（**図表 4-4**）。

人権方針は、こうした企業や時代の変化等を踏まえて、定期的に見直し、改定を経てより充実し、かつ、より適切なものへと改善されていくものと考えら

図表 4-4：人権方針改定の際の視点の例

社会状況の変化	・自社の事業国・地域で内戦が勃発・悪化し、方針策定時に想定していなかった深刻な潜在的な負の影響が確認された。
事業状況の変化	・新たな分野で事業を始め、または、新たな事業分野に投資を行い、方針策定時には想定していなかったライツホルダーが負の影響に直面している。
人権DDの結果	・人権方針策定後に実施した人権DDの結果、方針策定時には想定していなかった重要な人権課題が浮き彫りになった。

れる。現に、各企業の改定された人権方針は、改定によりさらに充実したものになっていると見受けられる。

　LIXIL は、人権方針を改定し、当初の人権方針策定後に特定した「LIXIL 人権重要分野」を明記するなどしている。

> LIXIL は人権の取り組みを強化するため、人権方針を定期的に見直し、改善しています。2022 年 3 月期は、下記のプロセスを通じて 2016 年 3 月期に策定した人権方針を見直し、執行役会の承認のもとに改定を行いました。主な改定内容としては、法務・コンプライアンス担当の執行役が監督するガバナンス体制や 2021 年 3 月期に特定した LIXIL 人権重要分野、人権デューデリジェンスのプロセス、およびそれらを通じた人権リスク低減に向けたコミットメント、懸念報告（内部通報）制度などに関して、より詳細に明記しています。
>
> また、2022 年 5 月には人権方針を 17 言語に対応し、グローバルに広がる全社でのコミットメントを強化しています。
>
> **人権方針の改定プロセス**
>
> | 人権を取り巻く世界情勢や「ビジネスと人権に関する指導原則」などの国際規範、ESG 評価期間の評価項目の更新などを踏まえ、人権デューデリジェンス・タスクフォースにて、人権方針に求められる要素を精査 |
> | --- |
>
> ∨
>
> | LIXIL の人権重要分野や、人権に関する現状ならびに課題と照らし合わせた上で、人権方針の改定案を策定 |
> | --- |
>
> ∨
>
> | 執行役会で承認、CEO による署名 |
> | --- |

（出典）LIXIL ウェブサイト

③　検討すべき項目

　前記 ① （2）ウ（p.65）のとおり、人権方針の内容について、国連指導原則

は、「従業員、取引先、および企業の事業、製品またはサービスに直接関わる他の関係者に対する人権尊重への企業の期待」の明記を求めるのみである。そのため、国連指導原則からは人権方針にどのような内容を記載するべきか、明らかではない。

　こうしたことを踏まえ、経済産業省は、実務参照資料において、人権方針に記載することが考えられる項目の例を示している。実務参照資料の項目例と、国連人権高等弁務官事務所（OHCHR）等の「企業のためのガイド：人権方針を策定する方法」の項目例を**図表 4-5** にまとめている。

図表 4-5：人権方針の項目例

	実務参照資料	企業のためのガイド：人権方針を策定する方法[4]
1	位置付け	
2	適用範囲	適用範囲（fundamental）
3	期待の明示	期待の明示（fundamental）
4	国際的に認められた人権を尊重する旨のコミットメントの表明	国際人権基準を尊重する旨のコミットメント（fundamental）
5	人権尊重責任と法令遵守の関係性	法的管轄権の問題（additional）
6	自社における重点課題	優先する人権課題の設定（additional）
7	人権尊重の取組を実践する方法	実践のメカニズム（fundamental）
8		人権方針策定に至る過程の概要（additional）
9		人権を支援する旨のコミットメント（additional）

(1)　位置付け

　人権方針は、策定して終わりではなく具体的に実践していくことが求められる文書である。また、日本社会において人権方針とは何か、一般的に認識され

---

4) 同ガイド（"A Guide for Business: How to Develop a Human Rights Policy"）の「5. What are the key components of a good human rights policy ?」のうち、Step1（Consider fundamental elements）および Step2（Consider additional elements）に記載されている項目を取り上げている。

ているとは言いがたいように思われる。

　こうしたことを踏まえ、人権方針が、自社にとってどのような位置付けの文書であるかを明確にすることが考えられる。たとえば、企業のあるべき姿勢等を定める経営理念・行動指針等の関係性（実務参照資料4頁）や、人権方針が人権尊重の取組に関する最上位の規範であることを記載する例などが見られる。

実際の取組例（リクルートグループ）

リクルートグループが創業以来大切にしているビジョン・ミッション・バリューズの根幹にある基本理念は「一人ひとりが輝く豊かな世界の実現」です。

[中略]

このように企業が然るべき責任を果たすことを求められる国際社会の中で、「一人ひとりが輝く豊かな世界の実現」を掲げるリクルートグループは、世界が向かう包摂的な社会の実現という方向性に賛同します。そして、価値創造の源泉である「人」が個人として尊重され保護されるばかりではなく、「人」が内包する力・情熱を信じ、その能力が完全に発揮され、他の「個」と切磋琢磨しつつより大きな価値を創発するための力となりたいと考えます。この人権方針は、人々が一層大きな自由を実現するためにリクルートグループが準備する土台となると考えています。

（出典）リクルートグループ 人権方針

(2)　適用範囲

　人権尊重責任は、自社の事業活動全体を通じた取組を求めるものであるから、一般に、人権方針は、自社だけではなく自社が支配権を有する他の企業にも適用されると考えられる。もっとも、グループ全体の人権方針とは別に、特定のグループ会社が自社のために追加的な人権方針を策定することもあり、人権方針の適用範囲は常に同じではない。

　こうしたことを踏まえ、人権方針の適用範囲を明確にすることが考えられる。そして、グループ会社にも自社の人権方針を適用する場合には、「グループ会社」の定義を明らかにすることが望ましい（実務参照資料4頁）。

　このような「企業単位」の視点での適用範囲のほかに、「役職員単位」での適用範囲を記載する例も見られる。企業は、その事業活動全体を通じて人権を尊重していく必要があることから、人権方針は、全役職員（全ての役員および

従業員）に適用されることが一般的と考えられる。また、雇用形態（正規雇用か非正規雇用かなど）を問わず適用されると考えるべきであろう。

> 本方針は、ANA グループの全役職員（役員・正社員・契約社員を含む、すべての社員）に対し適用されます。また、ANA グループは、ビジネスパートナーおよびサプライヤーに対して、本方針を支持し、同様の方針を採用するように継続して働きかけ、協働して人権尊重を推進します。

（出典）ANA グループ 人権方針

(3)　期待の明示

「期待の明示」は、国連指導原則が明示的に人権方針への記載を求める内容である。たとえば、自社の事業・製品・サービスと直接関連する可能性がある関係者に対して、人権を尊重することを期待する旨を記載することや、自社の人権方針に対する理解や支持を期待すると明示することが考えられる（実務参照資料5頁）。

ここで、取引先等の関係者に対して期待として明示した内容は、期待を表明するだけではなく（すなわち、期待を表明しただけでその期待の実現は取引先（期待を表明された側）に委ねるのではなく）、その期待の実現に向けて、可能な範囲で自社としても努力していく必要がある。

たとえば、自社の人権方針に対する理解や支持を得られるよう説明会を開催したり、人権方針の趣旨や内容を反映したサプライヤー行動規範の遵守を取引先に求めたりすることが考えられる。

実際の記載例（NTT グループ）

> 世界中で多様なネットワーク・デジタルサービスを取り扱う NTT グループにとって、持続可能なバリューチェーンの確保は重要な課題の一つになっています。近年、サプライチェーンにおいて、長時間労働や児童労働、化学物質の不法廃棄、賄賂をはじめとした不正行為等、さまざまな問題が露見しており、企業が調達活動においても社会規範や法令を遵守し、社会的責任を果たすことが求められています。NTT グループは、こうした状況に対し、調達活動における社会

的責任を果たしていくため、人権・労働、安全衛生、環境、公正取引・倫理、
品質　安全性、情報セキュリティの6分野について、バリューチェーンを構成
する皆さまにも人権尊重の遵守をお願いしていきます。

（出典）NTT グループ 人権方針

(4)　国際的に認められた人権を尊重する旨のコミットメントの表明

　人権方針は、人権尊重責任を果たす手段の一つであることから、国際的に認
められた人権（基準）を尊重する旨のコミットメントは、人権方針の核心的な
部分であると考えられる。

　このコミットメントを示すために、「国際的に認められた人権」を構成する
最低限の人権が掲げられている **「国際人権章典で表明されたもの、および、『労働
における基本的原則および権利に関する ILO 宣言』に挙げられた基本的権利に関す
る原則」について言及することは重要** である（実務参照資料5頁）。加えて、国連
指導原則や OECD 多国籍企業行動指針といった国際文書への支持等も記載す
ることが考えられる。

　これら以外にも、自社の事業に特に関係する特定の人権を遵守することを示
すべく、追加的な人権基準として条約等に言及することや、自社が参加してい
るイニシアチブ等（例：国連グローバル・コンパクト）に言及することも考えら
れる。

　なお、当然のことであるが、国際文書やイニシアチブ等への支持を表明した
場合、そうした表明をする企業として適切な対応をしていく必要があるため、
人権方針の検討段階において、それらの国際文書等について理解を深めておく
必要があることに留意が必要である（実務参照資料5頁）。たとえば、国際文書
やイニシアチブ等への支持を表明した企業として、それらの理念の実現に向け
てどのような具体的な行動をとっているのかを尋ねられた場合には、実績や今
後の予定について説明できることが期待されるといえる。

実際の記載例（花王）

　花王は、世界のすべての人々が享受すべき基本的人権について規定した「国際
人権章典」、労働における基本的権利（結社の自由及び団体交渉権、強制労働の

禁止、児童労働の実効的な廃止、雇用及び職業における差別の排除）を規定し
た国際労働機関（ILO）の「労働における基本的原則及び権利に関する ILO 宣
言」、先住民族の権利に関する「自由意思による、事前の、十分な情報に基づい
た同意」の原則等の、人権に関する国際規範、各国のビジネスと人権に関する
国別行動計画（NAP）を支持、尊重します。また、本方針は国連の「ビジネス
と人権に関する指導原則」に基づいて策定しています。

（出典）花王 人権方針

Column ライツホルダーに着目した人権に関する条約等

　企業は、その事業活動を通じて様々なステークホルダーと関わりを持つもの
の、自社の事業において特に深刻な負の影響を及ぼすリスクが大きいライツホ
ルダーの類型を考えることができる場合もある。そのような場合には特に、そ
うしたライツホルダーの人権に関する条約等の尊重について人権方針で記載し
てコミットメントを表明することが考えられる。

　具体的なライツホルダーに着目した主な条約等を図表 4-6 にまとめている。

図表 4-6：特定のライツホルダーに着目した人権に関する条約等の例

ライツホルダー	条約等
先住民族	先住民族の権利に関する国際連合宣言
女性	女子差別撤廃条約
民族的または種族的、宗教的、および言語的少数者	人種差別撤廃条約 民族的または種族的、宗教的および言語的少数者に属する人々の権利に関する宣言
障がい者	障がい者の権利に関する条約
子ども	子どもの権利条約
移住労働者およびその家族	すべての移住労働者とその家族の権利の保護に関する国際条約
性的少数者	性的指向と性自認を理由とする暴力と差別からの保護に関する決議

(5) 人権尊重責任と法令遵守の関係性

　企業の人権尊重責任は企業に不可能を求めるものではないことから、企業に対して、法令違反や契約違反を引き起こす取組を求めるものでもない。

　他方で、企業は、国際的に認められた人権を尊重する責任を負うことから、たとえば、ある国内法令がある国際的に認められた人権を（一部）否定していたとしても、その法令を遵守しながらも、その人権を尊重するための手段を模索していく必要がある（人権尊重ガイドライン 2.1.2.1 項）。

　たとえば、労働組合の結成が国内法令で禁止されている場合には労働者代表の選出を試みるなど、労働組合を結成することができるという団結権の趣旨を合法的に実現することができる方法はないか、検討することが求められる（もちろん、前記のとおり法令に違反する方法を追求する必要はない。）。

　後記 Chapter 9（p.177）のとおり、国連指導原則が策定された背景には、ガバナンス・ギャップ（各国・地域の間で人権の保障や保護の程度等が異なること）が深刻な人権侵害に寄与したと考えられているという認識がある。簡単な例で言い換えれば、A 国をはじめ多くの国々で認められている人権が B 国で認められていない場合に、B 国でその人権を侵害されたライツホルダーが B 国では救済されないことは妥当でないという問題意識があった。こうした背景からすれば、国内法令（B 国の法令）の内容にかかわらず、それに違反しない限りで、国際的に認められた人権（A 国をはじめ多くの国々で認められている人権）を尊重する方法を追求することが求められるのは、むしろ自然であるといえる。

> **実際の取組例（三井物産）**
>
> 　私たちは、事業活動を行う国や地域の法令を遵守します。国際的に認められた人権と事業活動を行う国や地域の法令に矛盾がある場合は、法令を遵守しつつ、国際的に認められた人権の原則を尊重する方法を追求します。

（出典）三井物産 人権方針

(6) 自社における重点課題

　Chapter 5 ④（p.105）のとおり、企業は、特定された負の影響に優先順位を

付けて順次対応していくこととなる。自社において、一般的に優先順位が高いと考えられる課題（負の影響）があるのであれば、人権方針においてその課題を明示し、優先的な取組に対するコミットメントを表明することが考えられる。

　前記②（3）（p.70）のとおり自社の事業の状況や社会の状況も変わり得るため、人権方針に記載することが考えられる項目の中でも、自社にとっての重点課題については特に、定期的に見直すことが重要である（実務参照資料6頁）。

実際の取組例（トヨタ自動車）

【別表　優先取組み課題】

(1) 移民労働・強制労働

私たちは、暴力、脅迫、債務等によるあらゆる強制労働や、人身取引を含むいかなる形態の現代奴隷も認めません。私たちは、移民労働者が、搾取や強制労働を受ける立場に陥りやすいと認識しており、事業の性質上、トヨタおよびサプライチェーン、バリューチェーンにおいても強制労働が起こり得るリスクがあることも認識しています。私たちは、デューデリジェンス活動の一環として、第三者機関と協力し、国内外事業体および仕入先、販売店等においても、移民労働者に適正な労働条件を保証するよう取組みます。

(2) 児童労働

私たちは、子どもから教育機会を奪い、その発達を阻害するような早い年齢から仕事をさせる児童労働を認めません。私たちは、鉱物採掘を巡っては、児童労働をはじめとした人権侵害の懸念があることを認識しています。児童労働をはじめとした人権問題などのリスクの特定と評価を進め、懸念すべきリスクが特定された場合は、適切なリスク軽減措置を構築していきます。

(3) 差別の禁止、多様性の尊重・受容

私たちは、性別、年齢、国籍、人種、民族、信条、宗教、性的指向、性自認、障がい、配偶者や子の有無等を含むいかなる理由の差別を認めません。また、多様な才能や価値観を持つ人材が最大限能力を発揮できるよう一人ひとりを尊重し、一人ひとりにとって魅力的な自己実現の場となる環境づくりに努めます。私たちは、一人ひとりの考える力を尊重し、全員参加で変革を進めていくことがトヨタの強みであり、その重要性は増していると考えています。こうした環境の下、ダイバーシティ＆インクルージョンの推進を重要な経営基盤の一つとして位置付け、取組みを推進します。

(4) ハラスメント

私たちは、セクシュアルハラスメント、パワーハラスメント、同調圧力等あら

ゆる形態のハラスメントや、個人の尊厳を傷つける行為を認めません。私たちは、社員一人ひとりが周囲に関心を持ち、自分以外の誰かのために行動できる「YOU の視点」を持った人財づくりを進め、一人ひとりの社員が安心して働ける、風通しの良い職場風土を築くよう、努力を続けます。

（出典）トヨタ自動車 人権方針

（7）　人権尊重の取組を実践する方法

　前記（4）（p.75）のとおり人権尊重へのコミットメントは極めて重要であるが、人権方針の策定後は、企業がその活動の中で人権方針を実践していくことが求められる（人権尊重ガイドライン3.2項）。そのため、そのコミットメントをどのように実施・実現していくかについても人権方針に記載することが考えられる。

　たとえば、人権デュー・ディリジェンスや救済の方針について、国連指導原則を踏まえた記述をすることが考えられる。また、人権方針の実施状況を監督する責任者を配置することも考えられ、そうした責任者およびその責任の内容を人権方針に記載することも考えられる（実務参照資料7頁）。

実際の取組例（オムロン）

オムロンは、経営と現場が一体となってグローバルで人権尊重責任を遂行する体制を構築します。バリューチェーンを俯瞰した責任体制としては、社長 CEO から権限委譲されたグローバル人財総務本部長、グローバル購買・品質・物流本部長、各事業部門長がそれぞれ責任を持って人権尊重への対応を推進します。人権尊重へのコミットメントを果たす上で重要な事項については、取締役会で決定します。決定された事項の執行状況を社長 CEO が取締役会に報告し、取締役会が監視・監督します。

（出典）オムロン 人権方針

（8）　人権方針の策定に至るステップの概要

　人権方針の策定プロセスはその正当性を根拠付けるものでもあり、手続的な正当性を示す観点から、十分な議論や手続を経て策定された人権方針であることを記載することも考えられる。

もっとも、前記3(1)(p.72)の「企業のためのガイド：人権方針を策定する方法」が「追加的要素」としていることから示唆されるように、策定プロセスに関する記載は、人権方針の本質的な要素ではないと思われる。そのため、実務参照資料では記載項目の例として記載されていない。

　ただし、説明・情報開示にあたっては人権方針の策定過程も重要な内容になり得るものであり（後記 Chapter 8 2 (1) の**図表 8-2**（p.167））、少なくとも、策定過程は事実として整理されておくべき情報である。

> **実際の取組例（みずほフィナンシャルグループ）**[5]
>
> ベンチマーク分析
> ・指導原則や金融業界における国際的なガイダンスを踏まえ、先行企業や同業他社の人権方針、社内管理態勢、情報開示、苦情処理の仕組み等との取組状況を調査・分析
>
> 人権課題の特定と評価
> ・国際的なガイダンスや金融機関の社会的責任が問われた事例に基づき、金融機関の人権課題を洗い出し、事業活動別に整理
> ・各課題について、発生可能性と深刻度の評価を行い、人権課題マップを作成
>
> 取組状況の確認・整理　人権方針案作成
> ・各議題について、グループ内の関係部署向け説明会で課題認識を共有し、国際的なガイダンスや先行企業等をベンチマークとして現状の取組状況とのギャップを確認
> ・取組状況や人権課題の評価をふまえ、優先して取り組む課題を特定した上、人権方針案を作成
>
> ステークホルダーダイアログ
> ・人権課題に詳しい社外の有識者の方々と対話し、人権方針案や優先的に取り組むべき人権課題等について、ご意見・助言をいただいた
>
> 人権方針の制定と体制整備
> ・有識者とグループの国内外関係部署の意見を踏まえ最終方針案を作成し、取

---

5) みずほフィナンシャルグループは、自社の人権方針を公開しているウェブページにおいて、人権方針の策定プロセスを詳述したウェブページに遷移できるリンクを紹介している。そのため、本記載例の記載内容は、同グループの人権方針に直接記載されているわけではない。

締役会で決議するとともに、関連規程の改定や管理態勢強化を実施

　人権方針の周知・浸透について
・人権方針の制定背景や内容への理解と浸透を目的として、グループの全ての
　社員を対象とした研修を実施

（出典）みずほフィナンシャルグループ ウェブサイト

(9)　人権支援へのコミットメント

　人権 DD は、潜在的な負の影響が確認されれば防止・軽減し、実際に負の影響が現実化しているのであれば救済を提供するというように、人権への「負の影響」を対象とするものである。このことは、国連指導原則 11 の文言[6]からも読み取れる。他方で、企業は、人権への「正の影響」を与える、言い換えれば、「人権を支持し促進するため、権利の享受に貢献するような諸々のコミットメントや活動に取組むこと」（国連指導原則 11 解説）もできる[7]。

　こうしたことを踏まえ、人権への正の影響についてのコミットメントを記載することも考えられる。

実際の取組例（アシックス）

　製品やサービスを通じて、人々の心身の健康と持続可能な社会を実現するため、自社従業員に加えて、サプライチェーン上の労働者のディーセントワークを推進します。

（出典）アシックス 人権方針

Column　**サプライヤー行動規範・調達指針との関係**

　人権方針は、策定企業がその事業活動における人権尊重へのコミットメント

---

6)「企業は人権を尊重すべきである。これは、企業が他者の人権を侵害することを回避し、関与する人権への負の影響に対処すべきことを意味する。」

7) ただし、人権への「正の影響」に貢献しているからといって、負の影響への対処を怠った場合にそのことが正当化されるわけではないことに留意が必要である（国連指導原則11 解説）。

を示すものであり、その性質上、一般的に自社およびグループ会社に適用すると考えるのが自然である（前記（2）（p.73））。そのため、取引先に対して人権方針に則った人権尊重を要請する際には、「人権方針を取引先にも適用する」という構成よりも、人権方針の内容や趣旨を反映したサプライヤー行動規範や調達指針を作成し、これらの遵守を取引先に対して要請する例が一般的と考えられる。

　サプライヤー行動規範・調達指針は、いずれも企業によって名称や性質が異なり得るが、自社の取引先の「あるべき姿」を示す文書である。こうした文書にどの程度の意味や効果を与えるかは、企業によって異なる。たとえば、サプライヤー行動規範の遵守を取引先に要請し、その違反が確認された場合には契約関係を見直すといった取扱いや、調達指針を遵守しない取引先からは調達を行わないといった取扱いなどが考えられる。

　企業は、これらの取扱いを通じて、取引先における人権への負の影響を防止・軽減するために影響力を行使することができる。

実際の取組例（Apple）

　Apple は、そのサプライヤー行動規範において、サプライヤーに対して、行動規範に違反する場合には取引関係を終了させる可能性を明記している。

> 　行動規範の違反はいかなるものであってもサプライヤーと Apple の取引関係を危機にさらし、最悪の場合は関係を終了させる場合があります。
> 　サプライヤーは、Apple または Apple が指名した第三者が、定期的にサプライヤーの施設、業務、および、Apple に、Apple の代わりに、または Apple 製品での使用のために物品やサービスを提供するサブコントラクターとサブサプライヤーを評価し、サプライヤーによる本行動規範の適用のある原則および要件の遵守状況を査定することを許可するものとします。
> 　サプライヤーは、Apple および第三者が立ち入ることができず、サプライヤーの当基準の遵守に対する包括的かつ独立した評価を実施できない地域で製造事業を行わないこととします。また、かかる地域から、直接的または間接的を問わず、労働者を採用しないこと、もしくは原材料、製品、サービスの調達を行わないこととします。

（出典）「Apple サプライヤー行動規範」（日本語版）

Chapter 5

人権 DD ステップ①
（負の影響の特定・評価）

人権への負の影響の防止・軽減に向けて行動するためには、まず、自社がどのような負の影響と関わり得るのかを特定する必要がある。その上で、「特定」された多数の負の影響に対して、どのような順序で対応していくかを検討する。こうしたプロセスを総称して「負の影響の特定・評価」と呼ぶ。

　人権 DD は、①負の影響の特定・評価（Chapter 5）、②負の影響の防止・軽減（Chapter 6）、③取組の実効性の評価（Chapter 7）、④説明・情報開示（Chapter 8）という4つのステップから構成される（**図表 5-1**）。

図表 5-1：人権 DD の全体像

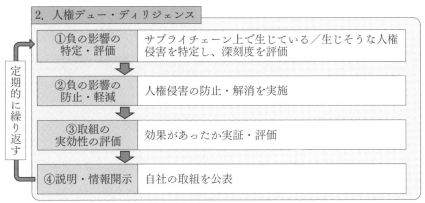

（出典）経済産業省「『責任あるサプライチェーン等における
人権尊重のためのガイドライン』策定の背景と概要」

図表 5-2：負の影響の特定・評価のステップ

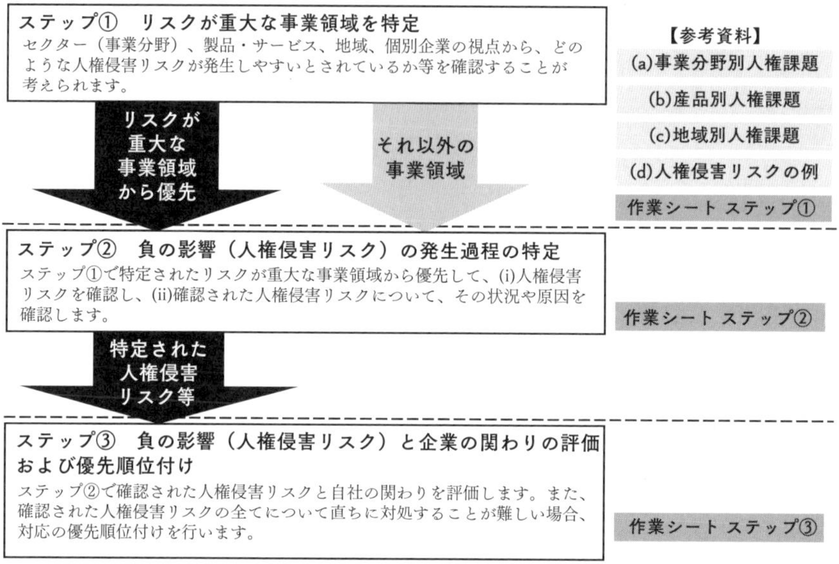

ステップ①　リスクが重大な事業領域を特定
セクター（事業分野）、製品・サービス、地域、個別企業の視点から、どのような人権侵害リスクが発生しやすいとされているか等を確認することが考えられます。

リスクが重大な事業領域から優先

それ以外の事業領域

【参考資料】
(a)事業分野別人権課題
(b)産品別人権課題
(c)地域別人権課題
(d)人権侵害リスクの例
作業シート ステップ①

ステップ②　負の影響（人権侵害リスク）の発生過程の特定
ステップ①で特定されたリスクが重大な事業領域から優先して、(i)人権侵害リスクを確認し、(ii)確認された人権侵害リスクについて、その状況や原因を確認します。

作業シート ステップ②

特定された人権侵害リスク等

ステップ③　負の影響（人権侵害リスク）と企業の関わりの評価および優先順位付け
ステップ②で確認された人権侵害リスクと自社の関わりを評価します。また、確認された人権侵害リスクの全てについて直ちに対処することが難しい場合、対応の優先順位付けを行います。

作業シート ステップ③

（出典）実務参照資料 7 頁

　負の影響の特定・評価（**図表 5-1** の①）は、さらに、（a）リスクが重大な事業領域の特定（後記［1］）、（b）負の影響の発生過程の特定（後記［2］）、（c）負の影響との関わりの評価（後記［3］）、（d）優先順位付け（後記［4］）という各ステップに分かれる（**図表 5-2**）。

［1］　リスクが重大な事業領域の特定

（人権尊重ガイドライン 4.1.1 項（a））

(1)　「リスクが重大」とは

　負の影響の特定・評価にあたっては、**まず、リスクが重大な事業領域を特定す**る（国連指導原則 17 解説）[1]。「リスクが重大」とは、より深刻な人権への負の影響が生じる蓋然性がより高い状況を意味する。より「リスクが重大」な事業領域から人権 DD に着手することは、**より深刻な負の影響から対応することを可**

能にする[2]。

　このように、ここで重大かどうか検討する「リスク」は、企業経営にとってのリスクではなく、人権へのリスクであることに留意が必要である。ただし、たとえば、自社にとって規模の大きな事業ほどより深刻な負の影響が生じる蓋然性が高いとも考え得ることは、前記 Column「経営視点での重要性を考慮して優先順位を付けることの是非」（p.60）のとおりである。

　実務参照資料は、**図表 5-3** の各事業領域のリスクの検討（②）の際に参考に

図表 5-3：リスクが重大な事業領域の検討

ステップ	概要
⓪自社の事業の全体像の把握	● 自社の事業の全体像を把握する。 ● 自社の事業には、サプライヤーをはじめとする自社の取引先等を含む。
①事業領域の区分け	● 自社の事業領域をどのように区分けするか検討。 ● 自社が複数のセクターで事業を行っている場合には、セクターごとに区分けしていくことも考えられる。 ● 自社の事業の全てを漏れなく区分けすることは困難であるが、このステップでは事業領域間の優先順位付けが目標であるので、「大枠」で区分けすることで足りる。
②各事業領域のリスクの検討	● ①で区分けした各「事業領域」において深刻な人権への負の影響として一般に指摘されているものがあるか、あるとすればそれは何かを検討する。 ● 自社の事業がその負の影響にどのように関わり得るかについても考える。

1）事業領域が限られた企業、特に小規模な企業は、この事業領域の特定を省略することも可能とされる（人権尊重ガイドライン脚注48）。
2）よりリスクが重大と考えられた事業領域以外の事業領域において、当初想定していた負の影響の全てを上回る深刻な負の影響が確認された場合など、より「リスクが重大」と当初考えた事業領域が実は適切ではなかったという事態も生じ得る。しかし、優先順位付けの正確性には様々な制約・限界が伴うものであり、また、「リスクが重大」な事業領域自体、時の経過等とともに変わり得るものである。そのため、当初の検討が誤っていた、または、適切ではなくなったということが判明したのであれば優先順位を修正すればよい。こうした柔軟な対応こそがビジネスと人権の世界において求められているといえる。

③事業領域間のリスクの比較	● 評価したそれぞれの事業領域を比べて、どちらがより深刻な人権への負の影響がより生じやすいかを評価する。 ● ただし、厳密な比較は困難であり、合理的に説明できる判断ができれば足りる。
④優先順位の決定	● 前記③の検討結果に基づき優先順位を決定し、次のステップに進む。

できる資料（参考資料 (a) ～ (d)）を掲載している（**図表 5-4**）[3]。

　なお、参考資料（b）は、どのような地域における掲載産品についてリスクがあるかという製品と地域の結びつきには言及していない。製品と地域の結びつきまで明示している資料として、米国労働省の「児童労働又は強制労働によって製造された製品リスト」（List of Goods Produced by Child Labor or Forced Labor）があり、参考になる（人権尊重ガイドライン別添「海外法制の概要」6 (2)

図表 5-4：リスク視点等の例

リスク視点の例	確認ポイントの例	参考資料の例
セクター（事業分野）のリスク	自社のセクター（事業分野）、製品・サービス、または、自社・取引先が事業を行う地域において、**どのような人権侵害リスクが指摘されているか**について、人権侵害リスクの類型、深刻度、発生可能性といった観点から確認します。	**参考資料（a）** 事業分野別人権課題
製品・サービスのリスク		**参考資料（b）** 産品別人権課題
地域リスク		**参考資料（c）** 地域別人権課題
企業固有のリスク	**自社・グループ会社、サプライヤー等において、企業のガバナンス体制の問題や、人権侵害リスクとの関わりについて指摘を受けたことがないか**など、企業固有の状況を確認します。	各種報道 社内資料（苦情処理メカニズムに寄せられた情報を含む）

（出典）実務参照資料 9 頁

---

3) 人権尊重ガイドラインおよび実務参照資料は、企業が「リスクが重大な事業領域の特定」にあたって検討すべきリスク要素の種類や参考資料を、それらの記載内容に限定する趣旨ではない。

別表2[4]）。

(2) 取組の姿勢

実務参照資料は、セクター、製品・サービス、地域、企業固有の各リスクを
どのように考慮して「リスクが重大」に該当すると判断すべきかについて、基
準を示していない。これは、そもそも「リスクが重大」かどうかを判断するに
あたって考慮すべきリスクがこれらに限定されるわけではなく、また、（そう
した様々なリスクの）評価方法を画一的に示すことが困難であることなどによ
る。

理論的には、「リスクが重大な」事業領域を判断するにあたって、それぞれ
の事業領域におけるリスクを点数化して比較することができれば、明確かもし
れない。しかし、様々に異なり得るファクターを整合的に点数化して比較する
ことは容易ではなく、そうした対応が求められるわけではない。

本ステップは、あくまでも、（より）「リスクが重大な事業領域」から優先し
て人権DDのステップを先に進めていくという**事業領域レベルでの優先順位付け
を行うものであり、より深刻な人権への負の影響の防止・軽減という目的を達成す
るための手段にすぎない**。また、本ステップは、詳細な人権DDを実施する前
のステップであり、どの事業領域に重大なリスクがあるかを**厳密に判断するこ
とはそもそも困難である**。

こうしたことを踏まえると、**「何が正しい判断か」を追求するより、なぜある事
業領域を優先するかの理由を合理的に説明できれば足りる**と思われる[5][6]。

(3) 具体的な検討例

大きく2つの事業領域（A事業とB事業）のある企業において、ケース①
（**図表5-5**）およびケース②（**図表5-6**）を仮定して、具体的に検討する（ここで

4）同リストは、人権尊重ガイドライン策定後の2022年9月28日付で更新されている。
5）どのような説明でもよいわけではなく、負の影響の深刻度および蓋然性が考慮されるべ
きことは、「リスクが重大」の意味内容から必要と考えられる。
6）もちろん、人権DDを進めていく中で、他の事業領域の方がより重大なリスクがあるこ
とが判明したのであれば、従前の判断を変更することになるが、そのような柔軟な対応
が、むしろ、人権尊重の取組においては求められている。

は、単純化のために参考資料(a)～(c)のみを検討する例を取り上げているが、これら
だけではなく必要な資料を検討することが期待される（実務参照資料脚注15)）。

　ケース①では、参考資料(b)および(c)を踏まえると、A事業の方が児童労働・
強制労働がより強く指摘されていると考えられるため、（児童労働・強制労働に
関して）B事業よりもA事業が「リスクが重大な事業領域」であると考えるこ
とは合理的である（ただし、ケース②について後述するように、参考資料の指摘が

図表5-5：ケース①

	A事業	B事業
参考資料（a）（事業分野別人権課題）	児童労働・強制労働のほか、先住民族・地域住民の権利の侵害等が指摘されている。	A事業と同様の指摘がある。
参考資料（b）（産品別人権課題）	児童労働・強制労働が指摘されている原材料を使用している。	児童労働・強制労働が指摘されている原材料を使用していない。
参考資料（c）（地域別人権課題）	サプライチェーン展開国・地域の中に、非常に高いレベルのデュー・ディリジェンスが推奨されている国・地域がある。	左記のような国・地域がない。

図表5-6：ケース②

	A事業	B事業
参考資料（a）（事業分野別人権課題）	児童労働・強制労働のほか、先住民族・地域住民の権利の侵害等が指摘されている。	A事業と同様の指摘がある。
参考資料（b）（産品別人権課題）	児童労働・強制労働が指摘されている原材料を使用していない。	児童労働・強制労働が指摘されている原材料を使用している。
参考資料（c）（地域別人権課題）	サプライチェーン展開国・地域の中に、非常に高いレベルのデュー・ディリジェンスが推奨されている国・地域がある。	左記のような国・地域がない。

自社の事業に具体的に妥当するかの検討は必要であろう。)。

　他方で、ケース②（参考資料(b)の検討結果がケース①と逆）ではどうか。参考資料(b)を見れば B 事業に、参考資料(c)を見れば A 事業によりリスクがあるように思われ、ケース①のように単純ではない。

　この点、参考資料(b)の産品は、国際機関が児童労働・強制労働を指摘しているものであるが、自社の事業分野や事業展開先の国・地域においてそれらのリスクが同様に存在することまでを指摘するものではない。また、参考資料(c)は、自社が事業を展開する国・地域自体のリスクを示すものであり、A 事業と児童労働リスクの関係性の有無等を示すものではない。

　これらの点を踏まえると、いずれの参考資料の指摘がより自社に関係するかの検討が、ケース①よりさらに重要になる。その検討結果を踏まえて、A 事業と B 事業のいずれが自社にとってより「重大なリスク」があるか考えることになる。

実際の取組例（アサヒグループホールディングス）

　アサヒグループは、国や材料、サプライチェーンの工程といった視点で対象範囲を切り分けながら、現代奴隷に焦点を当ててリスクの高低を分析・評価し、「リスクが重大な事業領域」を特定している。

> 　英国現代奴隷法へのコミットメントを契機に、アサヒグループの生産拠点が所在する 17 ヵ国及び主要調達 11 品目の 2 つの側面から、現代奴隷に焦点を当てたリスクの机上分析・評価を実施しました。
> 　この分析で、アサヒグループのサプライチェーンにおいて最もリスクが高いのは「栽培」段階とわかりました。主要な直接材の中で、リスクが「極高」と判断されたのは、コーヒー、砂糖、茶、パーム油、カカオでした。
> 　人権デューデリジェンスの対象はこれらの原材料の中から計画的に行うこととし、2021 年にはエチオピアとタンザニアのコーヒー豆、2022 年にはブラジルのサトウキビを対象にしました。

図表 5-7：主要原材料調達品目 現代奴隷リスク理論分析結果

極高		ベトナム・スリランカ コーヒー、茶	南米、東南アジア 地域等 コーヒー、パーム油、 砂糖、茶、カカオ	アフリカ諸国等※ コーヒー、砂糖、茶	栽培
バリューチェーンリスク	欧州・豪州 乳製品、モルト	アメリカ、ドイツ、 オランダ ホップ、モルト	ベトナム・スリランカ オレンジ、果汁、 トウモロコシ、コメ	パキスタン コメ	
	欧州・豪州 乳製品、モルト	アメリカ、ドイツ、 オランダ ホップ、モルト	南米、東南アジア 地域等 コメ、コーヒー、 砂糖、茶	パキスタン、 アフリカ地域 コメ、コーヒー、 砂糖、茶	加工・流通
	欧州・豪州 乳製品、モルト	アメリカ、ドイツ、 オランダ ホップ、モルト	南米、東南アジア 地域等 オレンジ果汁、トウモロコシ、 コメ、コーヒー、パーム油、 砂糖、茶、カカオ	パキスタン、 アフリカ諸国等※ コメ、コーヒー、 砂糖、茶	卸売

低　※エチオピア、タンザニア、エジプト、ケニア　国別現代奴隷リスク　　　　　　　極高

（出典）「アサヒグループサステナビリティレポート」（2023 年 6 月）189 頁および 190 頁

サプライチェーン・マッピングと追跡可能性

　「サプライチェーン・マッピング」は、自社のサプライヤーをはじめとするサプライチェーン上の企業等を特定し、サプライチェーンを把握することを意味する。たとえば、前記**図表 2-3**（p.7）に実際の企業名を記入していく作業とイメージできる。サプライチェーン・マッピングを行うことで、自社の製品・サービスが、どこで、どのように製造されているかを理解することができ、負の影響を網羅的に検討することができる。

　とはいえ、サプライチェーン上の企業（前記 Chapter 2 ②（p.16）のとおり自社の上流と下流を含み、間接の取引先も含む）を全て特定する（完全なサプライチェーン・マッピングを行う）ことは、サプライチェーンが複層的に広がり、また、間接的な取引先の情報開示を拒否される例も少なくない中、実務上困難であると考えられる。

　追跡できない（把握できない）サプライヤー等が存在する場合には、そのサプライヤー等のリスクの大小等も当然のことながら把握できない。そのため、人権へのリスクはもちろん、企業経営にとってのリスクもコントロールできないことになる。したがって、可能な限り、追跡できない（把握できない）サプライヤー等における負の影響の情報を受領できる体制を整備しておくことが望

ましい（**図表 5-8**）。

図表 5-8：追跡可能性が低い場合の対応

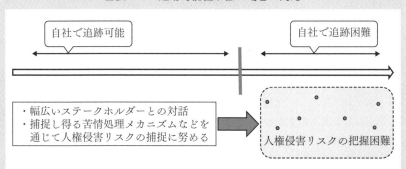

具体的には、（サプライヤー等の関係者も対象とする）苦情処理メカニズムの構築・運用や、幅広いステークホルダーとの対話等といった手段が考えられる（人権尊重ガイドライン Q&A 6 番）。もちろん、こうした手段を実行したとしても、追跡できない（把握できない）サプライヤー等における負の影響を把握できるとは限らないが、人権尊重責任を可能な限り果たすために重要な手段となる。

また、追跡可能性が低い場合には、なぜサプライヤー等の把握に限界があるのかを対外的に説明することができるようにしておくことが望ましい（人権尊重ガイドライン Q&A 6 番）。原因を明確にしておくことで、状況が変わった場合には再び追跡可能性の確保のために対応策を講じることもできる。

Column

間接的な取引先の把握のための方法

サプライチェーンの追跡可能性を完全に確保すること、より具体的には、（直接の取引先は契約締結時に把握できることから）自社にとって間接的な取引先を把握することは、容易ではない。人的・経済的資源を投入すればするほど取組は進むものの、企業は人権尊重のためだけに無制限にリソースを使うこともできない。

そのため、人権尊重の取組全般と同様に、どの程度まで追跡可能性を確保するために努力すべきかについて悩みは尽きないが、たとえば、米国のウイグル強制労働防止法の適用を受けることが想定される企業かどうかは、検討にあたって重要な考慮要素となるだろう（同法の概要は、後記 Column「ウイグル強制

労働防止法の現在地」（p.208）参照）。

　すなわち、同法は、関税法307条の下で、新疆ウイグル自治区由来の製品が含まれている限り輸入を差し止める法的効果を持つ。同自治区由来の製品が含まれているかどうかを厳密に確認するためには、論理的には、（輸入差止の要件に関連する限り）その製品に関連する全ての取引先を把握できている必要がある。また、海外から製品を輸入する米国企業にとってみれば、その製品には新疆ウイグル自治区由来の製品が含まれていないことを表明・保証させ、その違反が発覚した場合には賠償金を請求できるといった契約を締結することも合理的である。

　こうしたことを踏まえると、米国に製品を輸出する（または自社の製品が他社の製品に組み込まれて米国に輸出される）企業にとって、サプライチェーンの追跡可能性を完全に確保するための取組は、極めて重要といえる。

　そうはいっても容易ではなく、間接的な取引先に関する情報開示を直接の取引先に強いることは困難であり、間接的な取引先の把握には限界がある。可能な限り把握する試みとして、下請契約の中に組み込まれる元請契約の条項である「フローダウン条項」を用いることが考えられる（OECD ガイダンス69頁）。**図表 5-9** の事例で具体例を考えてみたい。

図表 5-9：フローダウン条項の概要

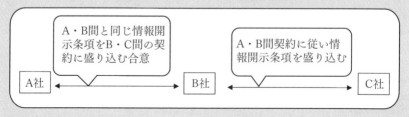

　図表 5-9 において、自社（A 社）が直接の取引先（B 社）と契約を締結する際に、A 社が B 社に課す情報開示義務と同じ義務を、B 社と（A 社にとっての間接の取引先である）C 社との契約に盛り込むことを A 社・B 社間で合意しておくものである。これにより、B・C 間の契約に A・B 間と同等の情報開示に関する条項が定められることになり、この取組が連鎖していくことで、理論的には自社のサプライチェーン上の全てのサプライヤーの情報を把握することができると考えられる。

　しかし、こうした条項を契約書に盛り込むことができるかどうかは、契約当事者間の力関係によって左右される。現に、直接の取引先から間接の取引先に

関する情報開示を拒否されるケースも少なくなく、そうした場合においては、ア□□グリン条項を入れることについて通常同意を得られないだろう。また、契約書に盛り込まれてもその義務が任意に履行されるかどうかは不透明であり、同条項の組み込みによって全てが解決するわけではない。

　結局は、法令による義務が存在しない以上は、契約による義務を導入することも、その義務を履行することも、当事者の意思に依存するところが大きい。**最も重要なことは、人権尊重の取組の必要性についての理解や認識が広がること**であると思われる。これは、各企業の取組のみで解決することが難しい問題であり、日本政府も含めた様々なステークホルダーによる取組の推進が期待される。

実際の取組例（ブリヂストン）

　ブリヂストンは、現地とのパートナーシップやデジタルツールを通じて、天然ゴムのサプライチェーンのトレーサビリティ・透明性確保に努めている。

　当社グループでは、バリューチェーン全体で持続可能性を具体化しながらも、特に天然ゴムの持続可能な調達に注力しています。その中において、特に調達ポリシーに記載されている、環境への取り組み、人権の尊重、公正な労働慣行の支援、そして透明性の向上に取り組んでいます。また、森林破壊の防止にも取り組んでおり、調達・生産活動を通じて、気候変動や野生生物の保全にとって極めて重要な原生林や高保護価値（HCV）、高炭素貯蓄（HCS）地域の保護・再生を進めています。

　天然ゴムは再生可能な資源であり、世界で何百万人もの人々の生計を支えています。天然ゴムのサプライチェーンは複雑に何階層にもわたっており、原料ディーラー、加工工場、ゴム製品製造業者や小規模農家などで構成されています。また、天然ゴムは様々な消費者向け製品の主要原料となっていますが、その7割はタイヤに使われています。天然ゴムの大半は東南アジアの小規模農家や大規模農園で栽培されており、栽培に600万人以上が携わっているとも言われています。

　当社グループは、この天然ゴムサプライチェーンのトレーサビリティと透明性向上に向けた取り組みを積極的に推進しています。

　天然ゴムのリスクを一層厳しく管理し、持続可能にするために、当社グループは天然ゴムサプライチェーンのトレーサビリティ向上の取り組みとデジタルツールを活用した現地監査の実施を推進していきます。トレーサビリティを確実に向上させるため、現地とのパートナーシップを活用して、現地農家におい

てデジタルツールのトライアルを実施しています。リベリアでは、自社農園だけでなく小規模農家についても、環境指標や社会指標などと共に農園の特性を見える化できる新しいデジタルツールを導入する取り組みを行っています。

　こうした取り組みを強化するため当社グループは、2023 年末までに、小規模農家を含む天然ゴムサプライチェーンのトレーサビリティを 30% 以上確保することを目標としており、2022 年末時点では 33% ※の天然ゴムのお取引先様を特定しています。

	2021 年	2022 年
天然ゴムサプライチェーンにおいてトレーサビリティを確保している割合※	25%	33%
※ Tier1 のお取引先様からの自己申告ベース		

（出典）ブリヂストン ウェブサイト

Column 　**根気強い取組が求められる人権 DD（紛争鉱物を例に）**[7]

　いわゆる「紛争鉱物」（Conflict minerals）は、世界で長い間にわたって問題視されてきた（**図表 5-10**）。「紛争鉱物」は、米国が 2010 年に制定したドッド＝フランク法の下、スズ・タンタル・タングステン・金を指す[8]。同法は、アフリカのコンゴ民主共和国原産の紛争鉱物の採掘・取引は、同国東部における極端なレベルの暴力を特徴とする紛争の資金源になっていると指摘し、コンゴ民主共和国および周辺国・地域で生産される紛争鉱物を使った製品を生産する企業に対して、紛争鉱物について合理的な原産国調査を行うこと等を義務付けた[9]。

　2011 年には、OECD が、「OECD 紛争地域および高リスク地域からの鉱物の責任あるサプライチェーンのためのデュー・ディリジェンス・ガイダンス」[10]を公表した。さらに、EU は、2017 年、紛争鉱物規則を制定し、スズ・タンタル・タングステン・金を対象として、EU の輸入者に対して、サプライチェー

7）紛争鉱物に関する人権 DD については、JEITA が作成・公開している「責任ある鉱物調達」に関する各種資料が参考になる。

8）ドッド＝フランク法第 1502 条は、これらの鉱物以外の一定の鉱物を国務長官が「紛争鉱物」に指定できるとしている。

9）2012 年、米国証券取引委員会（Securities and Exchange Commission：SEC）は、ドッド＝フランク法第 1502 条（紛争鉱物条項）の下、紛争鉱物の開示に関する規則を制定している。

10）第 1 版であり、現在は第 3 版（2016 年）が公表されている。

ン・デュー・ディリジェンスの実施を義務付けるなどした（2021年1月1日全面施行）。

図表 5-10：紛争鉱物にまつわる人権侵害の概要

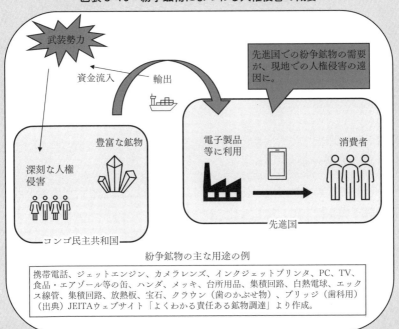

紛争鉱物の主な用途の例

携帯電話、ジェットエンジン、カメラレンズ、インクジェットプリンタ、PC、TV、食品・エアゾール等の缶、ハンダ、メッキ、台所用品、集積回路、白熱電球、エックス線管、集積回路、放熱板、宝石、クラウン（歯のかぶせ物）、ブリッジ（歯科用）
（出典）JEITAウェブサイト「よくわかる責任ある鉱物調達」より作成。

　このように、紛争鉱物における問題の深刻さと、法制度やガイダンスの発展もあり、紛争鉱物の世界においてデュー・ディリジェンス[11]が進んできたと考えられる。しかしながら、そうした分野においても、引き続き多くの課題が残る。たとえば、米国会計検査院（U.S. Government Accountability Office）の報告書[12]によれば、デュー・ディリジェンスを実施した企業について、44％はその紛争鉱物の原産地が対象国であるかどうかは決定できなかったと報告し、18

---

11) ただし、米国ドッド＝フランク法の紛争鉱物条項の下で求められるデュー・ディリジェンスは、紛争鉱物が対象国原産であるかどうかといった視点から実施することが求められるものであり、典型的な人権 DD とは性質が異なる。
12) "CONFLICT MINERALS 2020 Company SEC Filings on Mineral Sources Were Similar to Those from Prior Years".

％はその紛争鉱物の原産地が対象国である可能性があると決定できたかどうかについて明瞭な結果を報告せず、また、紛争鉱物の原産地が対象国からではないなどと報告した企業は0％であったとされている。

　企業が法的義務に基づきデュー・ディリジェンスを実施したとしても、すぐに全ての課題を特定したり、解決したりすることは難しい。その意味で、人権DDは中長期的なスパンで実施していく必要のある取組であるといえる。

② 負の影響の発生過程の特定

（人権尊重ガイドライン4.1.1項（b））

(1)　調査方法の概要

　リスクが重大な事業領域から優先して、実際のまたは潜在的な人権への負の影響が生じていないか、調査をし、確認していく（負の影響の特定）。具体的な調査方法の例が**図表5-11**に整理されている。

図表5-11：調査方法の例

方法の例	確認ポイントの例
● 社内資料（苦情処理メカニズムに寄せられた情報を含む）に基づく確認・調査	● 苦情処理メカニズムに寄せられた人権侵害リスクの情報や、過去にサプライヤー等において人権侵害リスクが発生した情報が社内記録に残されていないかを調査し、その状況を確認するとともに同様の人権侵害リスクが再発する状況にないか確認します。 ● 契約書等を確認し、取引先との間で人権侵害リスクを防止する取決めがあるかを確認します。
● 企業（経営者・管理責任者）に対する質問票調査	● サプライヤー等に質問票を送付し、返送された回答を確認します。 ● 例えば、取引先等における人権尊重の取組体制（例：人権侵害リスクの防止・軽減や救済のための仕組み）を確認する質問項目や、人権侵害リスクが発生していないかを確認する質問項目等を含めることが考えられます。

● 従業員に対するアンケート・ヒアリング	●	従業員に対して、自社内外において、実際に人権侵害リスクが発生していないか、確認します。
	●	アンケートから人権侵害リスクが確認された場合、関係する従業員等に対してヒアリングを実施する方法も考えられます。
● 現地調査・訪問	●	典型的な例として、例えば、現地の従業員の労働環境（安全で健康的な作業環境が提供されているかどうか）を確認します。
● ステークホルダーとの対話	●	自社業界や調達する原料・調達国の事情等に精通したステークホルダーと対話をして懸念を聴取します。
	●	実際に人権侵害リスクを受けるステークホルダーから、被害の状況や人権侵害リスクについて聴取します。

（出典）実務参照資料 10 頁

　最もリスクが重大な事業領域から検討を始めるとしても、**図表 5-11 の全ての調査方法をその事業領域に含まれるサプライヤー等に対して満遍なく実施していくことは困難**である。そうした調査は、優先して対応していくべき深刻な負の影響を後回しにしてしまう可能性もある。

　したがって、調査の対象等を考慮して適切な調査方法を選択していくことが重要になる。

(2)　調査方法の優先順位付けの発想

　収集する情報の種類等によって適切な方法は異なり得るため（人権尊重ガイドライン 4.1.2.3 項）、それぞれの長所と短所を理解した上で、状況に応じて適切と考えられる手法を選択し、効率的に調査を進めていく必要がある。

　一般的には、たとえば、**網羅性確保の視点から、社内資料の確認・企業に対する質問票調査については、広く実施する一方で、そうした初期的な調査を踏まえて、より深刻な人権への負の影響が生じる蓋然性が高いと考えられるサプライヤー等や問題について、従業員に対するアンケートや、現地調査・訪問といった（網羅性は乏しいものの深度のある調査が可能な）調査方法を用いて、負の影響の特定を進めていくことが考えられる**（**図表 5-12**）。

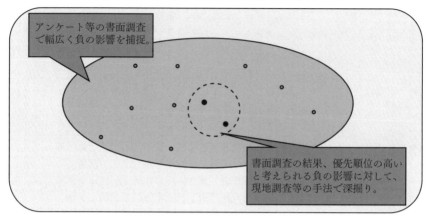

図表 5-12：調査方法の優先順位付けの例のイメージ

アンケート等の書面調査で幅広く負の影響を捕捉。

書面調査の結果、優先順位の高いと考えられる負の影響に対して、現地調査等の手法で深掘り。

　このように、調査方法の検討にあたっても、優先順位付けの視点が有用であり、より優先順位の高い負の影響について、より精緻な（よりコストを要する）情報収集の手法を用いることは合理的と考えられる。

　また、調査対象の性質を踏まえて方法を考える視点も有意義である。たとえば、工場における労働環境の確認を行うためには、現地に赴かなければ確認しづらいことも多く、現地調査が最も効果的な方法の一つであると考えられる（人権尊重ガイドライン Q&A 7 番）。

（3）　質問票調査の参考例

　自社に関係し得る負の影響の全てについて自ら調査することは現実的ではない。そのため、質問票を送付して送付先企業において調査の上で回答する方式の調査（「質問票調査」）を行うことが考えられる。

　他方で、質問票を一から作成することは容易ではないことから、自社において質問票調査を行う場合には参考にできる例がある（**図表 5-13**）。いずれも、各団体のウェブサイトよりダウンロード可能である。

---

13)「国連と民間（企業・団体）が手を結び、健全なグローバル社会を築くための世界最大のサステナビリティ イニシアチブ」とされる（GCNJ ウェブサイト）。

図表 5-13：質問票の例

発行団体	概要
グローバル・コンパクト・ネットワーク・ジャパン (GCNJ)	**CSR調達セルフ・アセスメント質問票** ● 国連グローバル・コンパクト（UNGC）[13] の日本におけるローカルネットワークであり（2003年12月設立）、2023年2月時点で536企業・団体が加入している。 ● 人権以外のCSR関連を含む9の大項目（CSRにかかわるコーポレートガバナンス、人権、労働、環境、公正な企業活動、品質・安全性、情報セキュリティ、サプライチェーン、地域社会との共生）の視点で、質問の例などを記載している。
電子情報技術産業協会 (JEITA)	**責任ある企業行動ガイドライン 自己評価シート詳細版** ● サプライチェーン全体のCSR（企業の社会的責任：Corporate Social Responsibility）を具現化するためのモデル行動規範となる、JEITAの「責任ある企業行動ガイドライン」（2020年3月発行）に基づくサプライヤー向けSAQ（Self-Assessment Questionnaire）である。 ● 人権以外のCSR関連項目を含む8項目（法令遵守・国際規範の尊重、人権・労働、安全衛生、環境、公正取引・倫理、品質・安全性、情報セキュリティ、事業継続計画）の視点で、質問の例などを記載している。
日本繊維産業連盟	**チェック項目例とリスク発見時の対処法の例について** ● 日本繊維産業連盟がILO駐日事務所の協力の下で策定した「繊維産業における責任ある企業行動ガイドライン」（2022年7月）の別冊である。 ● 総論のほか、人権にフォーカスした10項目（強制労働、結社の自由・団結権・団体交渉権、差別、児童労働、ハラスメント、外国人労働者・外国人技能実習生、労働安全、賃金、労働時間、取引適正化関係）の視点で、質問の例などを記載している。

Column

調査の限界

　質問票調査・監査は、いずれも代表的で重要な調査手法の例であるが、以下のとおり、いずれの調査方法にも限界がある。全ての調査方法に共通すること

であるが、質問票調査や監査を実施しているから全て問題がないと考えることはできないことに留意する必要がある。

① 質問票調査

　多数の企業を対象とする場合、質問票を配布してその回答を分析するという質問票調査が典型的な手法である。有意義である一方で、質問票調査にはその性質上大きな制約がある（**図表 5-14**）。

図表 5-14：質問票調査の主な長所・短所

長所	短所
● 多数の企業をカバーできる（対象企業の網羅性が高い）。 ● 実施コストが相対的には小さい（実施企業の負担は質問票の作成・送付・回答分析）。	● そもそも返答してもらえない可能性も小さくない。 ● 対象企業の任意の回答に基づくものであり、回答作成担当者が「ビジネスと人権」の取組に精通しているとも限らない。 ● 対象企業が、発見された負の影響を十分に回答しなかったり、虚偽の回答をしたりする可能性もある。 ● 特に、異なる内容の多数の質問票に回答する必要のある企業の負担は小さくない。

　質問票調査は、なるべく多くの企業をカバーしながら、人権侵害リスクの大小に応じた優先順位付けを可能にするものでもあり、相応の意味がある。しかし、**図表 5-14** の短所を踏まえると、質問票調査に基づく優先順位がどの程度正確かは不明であり、（どのような企業にも潜在的な負の影響があることからすれば）調査に真摯に協力する意思のある企業ほど負の影響の存在を正直に回答し評価が下がり、逆にそうした意思のない企業ほど負の影響の存在を回答せずに評価が上がる、という事態が生じることも考えられる。

　こうしたことを踏まえると、質問票調査を行う場合には特に、明確な目的意識をもって実施することが望ましく、単に回答結果に基づく点数を比較して優先順位を付けるためだけに質問票調査を行うとすれば、質問票を「とりあえず配布してみる」といった対応はデメリットが大きい場合もあると考えられる。**質問票調査を行わずに、様々な事情から人権侵害リスクが大きいと考えられる**

---

14) 前記 Column「サプライヤー行動規範・調達指針との関係」（p.81）のとおり、Apple は、「Apple サプライヤー行動規範」において、その対象企業が Apple 等による調査を受け入れることを前提としている。

重要な取引先に見当をつけて、そうした取引先から人権DDを進めていくことも、否定されるべきではないと考えられる。

② 監査

　質問票調査と対照的な調査方法として、監査・第三者調査が挙げられる。これは、取引先等の調査対象企業の同意を前提に[14]、自社または自社の委託する専門機関が、取引先の工場等を訪れて人権状況について調査を行うものである。

　質問票調査と異なり、監査・第三者調査は、調査実施側が事実確認等を行うものであり、調査対象企業による誤回答や虚偽回答といったリスクは相対的に小さい。他方で、こうした監査・第三者調査についても限界が指摘されていること[15]には留意が必要である（**図表 5-15**）。

図表 5-15：監査・第三者調査の主な長所・短所

長所	短所
● より客観的な事実に基づく調査を実施することが可能。 ● 専門的な知見・経験を持つ調査者による調査を実施することが可能。	● 経済的・人的・時間的コストが大きく、通常は調査の対象とする拠点や課題を絞って実施されることから、網羅性は、質問調査と比較して限定的になりがちである。 ● 調査対象企業が、調査経路を指定・提案したり、問題事案を隠蔽したりするリスクは否定できない。 ● 調査対象企業から否定的に受け止められる可能性もあり、調査対象企業による自主的な取組を促進する側面が強いとは言いがたい。

15）前記 Chapter 1 ②（1）（p.7）のとおり、「ラナ・プラザ崩壊事故」では、事故発生前に第三者による調査が行われていたものの、結果として、建物の安全性についての問題はその調査と対象ではなかったことから問題が発見されなかったと指摘されている。また、倫理的貿易イニシアチブ（Ethical Trading Initiative）は、「監査の限界」として、「現代奴隷や強制労働は、隠される犯罪であるため、監査がこれらのケースを発見することはできない。それらの犠牲者は、自身の労働条件について尋ねられたときでさえ、（事実どおりに）報告するために十分に安全とは感じないだろう」と指摘している（「ETI 人権 DD のフレームワーク」（ETI Human rights due diligence framework））。

Column 警備サービスと人権への負の影響

　警備サービスは、警護対象者の安全を守り、警護対象者への人権侵害を防止・軽減する機能を果たす。他方で、複雑な環境下においては、企業が起用した民間警備会社が人権侵害に加担するケースもあることを認識しておく必要がある。

　たとえば、国際的な人権 NGO であるヒューマン・ライツ・ウォッチは、パプアニューギニアの金鉱において、カナダ企業に雇われた民間警備員が集団レイプを行ったと指摘している。

　こうした、警備サービス提供者による人権侵害について言及する国際的な枠組みとして、米国政府や英国政府、資源・エネルギー分野の民間企業や NGO（非政府組織）が 2000 年に策定した「安全と人権に関する自主的原則」（Voluntary Principles on Security and Human Rights）がある。日本企業の中にも同原則への支持を表明している企業がある。

　また、2008 年 9 月には、スイス政府と赤十字国際委員会（ICRC）が主導して、武力紛争下における民間軍事警備会社の活動に関する「モントルー文書」（The Montreux Document）が策定された。同文書は、法的拘束力を有するものではないが、民間軍事会社（private military and security companies（PMSCs））がいかなる武力紛争地域で活動しているかを問わず、国際人道法および人権法の尊重を促進することを意図したものであり、日本政府も支持している。

　警備サービスと人権侵害の視点に関しては、赤十字国際委員会（ICRC）等が公表している、「複雑な環境下におけるセキュリティと人権の課題への取り組み実践ツールキット」も参考になる。

実際の取組例（住友商事）

　住友商事は、「警備会社起用に関する考え方」を自社のウェブサイトに開示しており、「安全と人権に関する自主的原則」等に沿った警備会社の選定を行うとしている。

警備会社起用に関する考え方

当社グループは、世界各国で事業展開を行うにあたり、従業員の安全・安心を守るため警備会社を起用します。必要に応じて、武装警備員を起用することもありますが、起用にあたっては、それに伴う人権リスクを認識した上で、事業活動を行う各国の法令を遵守するとともに「安全と人権に関する自主原則」や「法執行官による力と銃器の使用に関する基本原則」に沿った警備会社の選定を

行っていきます。

（出典）住友商事 ウェブサイト

③ 負の影響との関わりの評価

（人権尊重ガイドライン4.1.1項（c））

　負の影響との関わり、すなわち、特定した負の影響がどの類型に該当するか判断する（**図表5-17**）。

　ごく単純化すれば、①自社・グループ会社で負の影響が発生している場合には「引き起こす」（Cause）であることが多く、他方で、②サプライヤー等で発生している場合には、「直接関連する」（Directly linked）と考えられることが多い。

図表5-17：負の影響の類型と判断のポイント

	類型	意義	判断のポイント
①	引き起こす（Cause）	企業がその活動を通じて負の影響を引き起こす場合	企業の活動がそれだけで負の影響をもたらすのに十分である場合
②	助長する（Contribute）	企業がその活動を通じて——直接に、または外部機関（政府、企業その他）を通じて——負の影響を助長する場合	①企業の活動が他の企業の活動と合わさって負の影響を引き起こす場合、および、②企業の活動が、他の企業に負の影響を引き起こさせ、または、他の企業が負の影響を引き起こすことを促進しもしくは動機付ける場合
③	直接関連する（Directly linked）	企業は、負の影響を引き起こさず、助長もしていないものの、取引関係によって事業・製品・サービスが人権への負の影響に直接関連する場合	関連性は、他の企業を介する、負の影響と企業の事業・製品・サービスとの関係により定義される。「直接関連する」かどうかは、「直接調達」といった直接の契約関係として定義されるものではない。

（出典）人権尊重ガイドライン2.1.2.2項・OECDガイダンスQ29より作成

図表 5-18：「助長する」・「直接関連する」を判断する際の考慮要素の例

①	他の企業に負の影響を引き起こさせた程度、または、他の企業が負の影響を引き起こすことを促進しもしくは動機付けた程度（負の影響への寄与の大小）
②	負の影響またはその可能性について知り得たか、知るべきであったかどうかの程度（予見可能性の度合い）
③	負の影響を軽減しまたはその発生リスクを減少させたかどうかの度合い

（出典）人権尊重ガイドライン Q&A 13 番・OECD ガイダンス Q29 より作成

「助長する」（Contribute）と「直接関連する」（Directly linked）のいずれであるかを判断するにあたっては、**図表 5-18** に記載の要素を考慮することが考えられる。

すなわち、**図表 5-18 の示す各要素が大きいほど「助長する」に近づき、小さいほど「直接関連する」に近づくことになる。**そうはいっても、負の影響の 3 類型のいずれに該当するかを判断することは、必ずしも容易ではない。

たとえば、サプライヤー等において人権への負の影響が確認された場合において、何をもって「直接」関連と判断すべきであるのかは悩ましい。言い換えれば、関連しているものの「直接」ではないため、その負の影響について自社が責任を負わないと考えられる場合はどのようなケースか、という問いである。この点について、**一般的に、自社の製品・サービスの一部を構成する原材料が人権侵害を伴う労働等により産出・加工・提供等されている場合には、「直接関連」に該当すると考えられているため、「直接」という文言によって限定される範囲は広くはない**と考えられるだろう。

また、「直接関連する」が「助長する」に発展することもあり得ることから、判断が難しい場合には「助長する」として捉え、負の影響を防止・軽減するとともに、救済を提供することが望ましいと考えられている[16]（人権尊重ガイドライン Q&A 13 番）。

どの類型に該当するかは、企業による対応方法や救済を提供する責任の有無に影響を与え得るが、確定的な判断が難しい場合には、あり得る選択肢を検討

16）負の影響を「助長する」する企業は救済を提供する責任を負うが、「直接関連する」のみの企業はその責任を負わないため（後記 Chapter 9 ② (p.179)）、いずれか不明である場合には「助長する」に該当するものとして対応を考えるべきであることが示唆されている。

しつつも、取組を次のステップへと進めていくことが重要であると思われる。

（人権尊重ガイドライン 4.1.1 項（d））

（1） 優先順位付けの重要性

およそ**自社と関係する企業の数は膨大**であり、**自社のサプライチェーン上に把握できていない企業が存在することもむしろ通常**である。企業は、こうした限界を前提に、優先度の高いところから順次対応していくことになる。優先順位付けの考え方の大きな流れを**図表 5-19** に表している。

図表 5-19 は、自社の事業（A 事業～D 事業）の中で、C 事業のリスクが最も重大であり、かつ、その中で原材料採掘工程における児童労働のリスクが最も深刻である可能性があると判断したケースである。この場合には、まず、C 事業の中の児童労働のリスクから対応していく。

言い換えれば、C 事業の中のその他のリスク、また、A 事業・B 事業・D 事業の全リスクについては、その時点では対応しないことになる。もちろん、全

図表 5-19：優先順位付けの考え方の概要

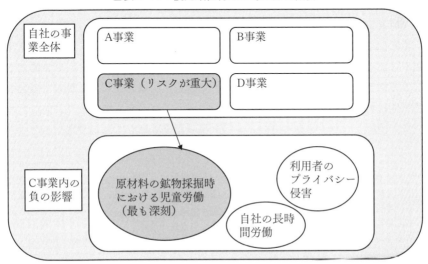

てのリスクに直ちに対応していくことができれば理想的ではあるが、現実には困難であり、こうした対応は人権尊重ガイドライン・国連指導原則に沿っている。

逆に言えば、このような対応が推奨されている以上、「範囲が膨大すぎて対応できないため人権DDを（全く）行っていない」という説明は、ステークホルダーから理解を得られないことに留意が必要である。

（2）　具体的な考え方

特定された全ての負の影響について、直ちに対処することが困難である場合には、対応の優先順位付けを行う必要がある（人権尊重ガイドライン4.1.3.1項・国連指導原則24）。

優先順位付けにあたって、**最も重要な要素は、人権への負の影響の深刻度の高低であり、同等に深刻度の高い潜在的な負の影響が複数存在する場合には、まず、蓋然性**[17]**の高いものから対応することが合理的**と考えられる（人権尊重ガイドライン4.1.3.1項）。ただし、**蓋然性が低いとしても、その低さは深刻度の評価を下げるものではなく、深刻度の高い負の影響については、優先度が高いものとして対応を求められる**（人権尊重ガイドライン脚注74）[18]。

ただし、蓋然性が認められない潜在的な人権への負の影響については、検討の対象外とすることも許容される（人権尊重ガイドライン脚注74）。以上の考え方を**図表5-20**において表している。

図表5-20の②および③に着目していただきたい。たとえば、②はサプライヤーにおける児童労働、③は自社における軽微なパワーハラスメントと考える。③の方が頻繁に発生すると考えられるものの、実際に発生してしまった場合の深刻度は児童労働の方が高い。軽微なパワーハラスメントであれば、何らかの病気に罹患したり、最悪の場合に自殺に至ったりということが想定しがたい一

17）人権尊重ガイドラインでは、"probability" の訳語として「発生可能性」ではなく「蓋然性」を用いている。これは、蓋然性（probability）と可能性（possibility）とは、ある事象の発生確率の高低においてその意味を異にする概念であることに由来する。すなわち、ある人権への負の影響が生じる可能性を否定することは通常難しいと思われるが、そうした場合でも蓋然性が否定されるケースは考えられることを踏まえたものと考えられる。

18）「人権尊重についての企業の責任－解釈の手引き－」問88。

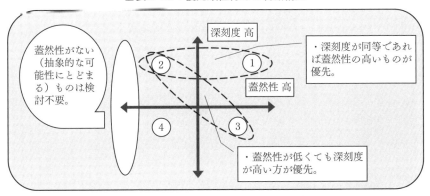

図表 5-20：優先順位付けの判断構造

深刻度 高

・深刻度が同等であれば蓋然性の高いものが優先。

蓋然性 高

蓋然性がない（抽象的な可能性にとどまる）ものは検討不要。

・蓋然性が低くても深刻度が高い方が優先。

（出典）人権尊重ガイドライン 4.1.3.1 項より作成

方で、児童労働は、長期間にわたって学習・成長の機会を奪うとともに、場合によっては労働環境から児童が深刻な健康被害を受け得る。

このように考えて②と③で比較できるとした場合、②を優先するべきということが、人権尊重ガイドライン・国連指導原則の内容である。

(3) 深刻度・蓋然性の判断基準

深刻度は、規模、範囲、救済困難度という 3 つの基準を踏まえて判断される（人権尊重ガイドライン 4.1.3.2 項・国連指導原則 14 解説）。蓋然性（**図表 5-21** の発生可能性）は、潜在的な負の影響がどの程度の確率で実際に発生する（現実化する）かの基準である。

その概要は、**図表 5-21** のとおりである。

図表 5-21 は、深刻度と蓋然性について、高度・中程度・低度の 3 段階に分けて評価する考え方を示している。もちろん、この考え方も一例であり、このとおりに（3 段階に分けて）評価しなければならないというわけではない。また、同図表からも示唆されるように、評価者によって評価が異なることも十分あり得、厳密に客観的で正確な判断を行うことは困難であると思われる（実務参照資料脚注 21）。そのため、「負の影響」の深刻度や蓋然性をそれぞれ点数化して明確に優先順位付けをすることができれば明確であるかもしれないが、そうした取組が必ずしも求められているわけではない。

図表 5-21：優先順位付けの判断基準の例

深刻度 最重要 要素	規模 （影響がどれくらい 重大または 深刻であるか）	高 度	人権侵害が、個人・コミュニティの身体的、精神的、情緒的な幸福に対する重大な影響を伴っている。対象になっているコミュニティが特に脆弱な立場にあると考えられる
		中程度	人権侵害が、個人・コミュニティの身体的、精神的、情緒的な幸福に対する中程度の影響を伴っている
		低 度	人権侵害が、被害者の生活に対する長期の、または実質的な影響を伴っておらず、脆弱な立場にある人々を対象としていない
	範囲 （影響を受けた 人々の数）	高 度	受けた人々が多数であること。これには、社員、家族、または労働者、そして周囲の住民が含まれます
		中程度	影響を受けた人々が中程度の人数であること
		低 度	影響を受けた人々が少数であること
	是正不能性 （影響を受けた人々に ついて負の影響を受ける 前の状況と少なくとも 同一または同等の状況に 回復させることが できる限界）	高 度	措置を講じなければ、人権侵害の影響を是正できないことになる
		中程度	措置を講じなければ、人権侵害の影響を是正することができない可能性が高い
		低 度	人権侵害を完全に是正するために即時に措置を講じる必要はない
発生可能性		高 度	事業活動（または部門）において事由が年に数回発生しており、再び発生する可能性が非常に高い
		中程度	事業活動において事由が数回発生しており、その業界で過去にも発生している
		低 度	事業活動においてその事由が発生したことはないが、その業界で過去に発生した可能性がある

（出典）実務参照資料 14 頁[19]

　優先順位付けはあくまでも人権尊重という目的を達成するための一つの手段であり、優先順位付けの厳密な正確さを追求するより、むしろ目的である人権尊重の（人権を侵害しない）ための取組を進める方が重要であると考えられる。その意味で、優先順位付けは、なぜある負の影響を優先するかを検討しその理由を合理的に説明できれば足りると考えられる。

---

19) UNDP（国連開発計画）の「研修進行ガイド 人権デュー・ディリジェンス」の内容を図表化して作成されている。同資料の用語に従い、人権尊重ガイドライン上の「救済困難度」は「是正不能性」と表記されている（実務参照資料脚注 24）。

実際の取組例（ファミリーマート）

　ファミリーマートは、深刻度と発生可能性（蓋然性）に基づいて各人権課題を評価し、優先順位付けを行い、その結果をリスクマップに表している。

外部有識者による助言、自社の事業活動や相談窓口に寄せられている声などを参考に、関連する人権リスクを抽出しています。関係者や発生頻度、深刻度を踏まえ、リスクマップを作成しました。

深刻度（インパクトレベル）

高

・児童労働 ・救済へアクセスする権利	・強制労働 ・ケアハラスメント ・マタニティハラスメント／パタニティハラスメント		・差別・偏見 ・ジェンダー（性的マイノリティを含む）	・パワーハラスメント ・セクシャルハラスメント
		・社会保障を受ける権利 ・テクノロジー・AIに関する人権問題	・労働安全衛生 ・外国人労働者の権利 ・プライバシー・個人情報 ・消費者の安全を知る権利	・不当な労働条件・時間
・地域住民の権利	・結社の自由 ・団体交渉権			
	・賄賂・腐敗			
	・知的財産権 ・表現の自由		・賃金の不足・未払い	

低

低 ———————————→ 高

発生可能性・頻度

（出典）ファミリーマート ウェブサイト

---

⑤　負の影響の特定・評価プロセスの留意点

（人権尊重ガイドライン 4.1.2 項）

(1)　継続的な影響評価

　人権の状況は常に変化するため、人権 DD は、継続的に実施する必要がある。「継続的」な実施の方法として、①定期的な人権 DD と、②非定期の人権 DD

とがある。

　定期的な人権 DD については、たとえば、ドイツのサプライチェーン法では、1 年に 1 回、リスク分析を実施することとされている（同法第 5 条第 4 項）。非定期の人権 DD を実施すべきと考えられる場面の例としては、**図表 5-22** の 3 つの場面が挙げられる（人権尊重ガイドライン 4.1.2.1 項・国連指導原則 18 解説）。

図表 5-22：非定期の人権 DD

①	新たな事業活動を行おうとしまたは新たな取引関係に入ろうとする場合
②	事業における重要な決定または変更（例：市場への参入、新製品の発売、方針変更、または事業の大幅な変更）を行おうとする場合
③	事業環境の変化（例：社会不安の高まりによる治安の悪化）が生じていたり予見されたりする場合

（出典）人権尊重ガイドライン 4.1.2.1 項・国連指導原則 18 解説より作成

　図表 5-22 の各場面においては、それぞれ、非定期的な場面が発生したことによる人権への負の影響に着目して、負の影響の特定や防止・軽減を実施することになり、定期的な人権 DD と同じ手段を講じなければならないわけではない（人権尊重ガイドライン脚注 61）。

　たとえば、新しい事業分野に参画する場合には、その事業分野において自社の事業がどのような負の影響を与え得るかについて検討することが考えられる。また、他の企業を買収する場合には、対象企業による人権尊重の取組状況（人権 DD の実施状況等）についても事前に確認することになる[20]。

(2)　脆弱な立場にあるステークホルダー

　脆弱な立場にあるステークホルダーとは、「社会的に弱い立場に置かれ又は排除されるリスクが高くなり得る集団や民族に属する個人」をいい、こうしたステークホルダーに対する人権への負の影響の特定・評価にあたっては、潜在的な負の影響に特別な注意を払うべきである（人権尊重ガイドライン 4.1.2.2

---

[20] 他の企業を買収した場合、買収された企業が負っていた人権尊重責任は、（主体が法人格として消滅するとしても）買収後は買収した企業が負うものと考えられている（「人権尊重についての企業の責任－解釈の手引き－」問 36）。

項・国連指導原則 18 解説）。

　そして、「脆弱な立場にあるステークホルダー」の例として、外国人、女性や子ども、障害者、先住民族、民族的または種族的、宗教的、および言語的少数者が考えられる（人権尊重ガイドライン 4.1.2.2 項・国連指導原則 12 解説）。これらは例示であり、たとえば、性的少数者や人権擁護者も脆弱な立場に置かれやすいだろう。

　これらの脆弱な立場にある個人は、特に人権への深刻な負の影響を受けやすい。たとえば、貧困ゆえに労働に従事している子ども（児童労働）は、自らの力で（特に経済的な）状況を改善して労働を強いられている状況から脱することは極めて難しく、そうした状況が長期化し、発達のための教育の機会等が失われてしまうことは、容易に想像できる。そうした深刻な負の影響を受けやすい立場を踏まえ、「脆弱な立場にあるステークホルダー」が負の影響を受けていないかどうかの特定・評価にあたっては、特に慎重になるべき（特別な注意を払うべき）としている。

　また、「脆弱な立場にあるステークホルダーの視点」は、負の影響の特定・評価に限らず、人権尊重の取組全体にわたって重要である（人権尊重ガイドライン 4.1.2.2 項）。このことを、脆弱な立場にあるステークホルダーの一例である外国人労働者という具体的な文脈に即して**図表 5-23** で検討している。

```
実際の取組例（ファーストリテイリング）
```

　ファーストリテイリングは、そのウェブサイト上で、「脆弱な立場にあるステークホルダー」の例として掲げられる「女性」に着目した人権尊重の取組について説明している（**図表 5-24**）。アパレル業界における女性労働者の脆弱性[21]に着目したものとも考えられる。

21）日本繊維産業連盟「繊維産業における責任ある企業行動ガイドライン」は、「特に人権侵害の対象になりやすい属性の一例として、繊維産業のサプライチェーン上の労働力の過半数を占める女性の労働者が挙げられます。例えば、女性労働者は、一般的に、男性労働者よりも低賃金であり、職場でのハラスメントを受けやすく、非正規・インフォーマル経済で働く女性の比率も高い傾向にあります。」と指摘している。

図表 5-23：脆弱な立場にあるステークホルダーの視点を踏まえた取組の例

特定・評価	・外国人労働者は、言語や文化・習慣の違いなどから、負の影響が生じていても適切に認識できない、または、認識できても適切な窓口に相談できない可能性があることから、そうした特性を意識して、インタビュー等の調査計画を立て、実行する。
防止・軽減	・職場における外国人労働者への差別が問題となっている場合には、表面的な対応にとどまらず、たとえばそうした背景に外国人に対する偏見が存在しないか、存在するとすればどのように対応すべきかなども検討し、実質的な改善につなげられるよう検討する。
実効性評価	・実効性の評価のための情報収集の際には、文書による一方的な確認だけでなく、双方向のコミュニケーションが可能な対話の機会を持つ。
説明・情報開示	・外国人労働者に対して説明を行う場合には、言語への配慮を含め、わかりやすい形で説明を行うとともに、対話の途中で適切に理解ができているか十分に確認を行う。

図表 5-24：女性に着目した人権尊重の取組

項目	内容
女性の人権尊重と活躍推進の取り組み	● ファーストリテイリングは、「女性差別撤廃条約」に基づき、女性の人権を尊重することを約束し、女性に対するハラスメント、脅迫や暴力を禁じています。具体的な取り組みとして、言葉の暴力、マタニティハラスメント、セクシャルハラスメントの事例解説を含む、役職者向けハラスメント研修の導入を進めています。 ● ダイバーシティ推進チームでは、国内ファーストリテイリンググループにおいて、出産・育児に関する情報の共有や女性活躍に関する意識調査の実施、また女性従業員の意見を人事制度に反映するための「女性活躍推進ネットワーク組織」の運営をしています。
工場で働く女性の人権尊重	● ファーストリテイリングは、工場において、差別やハラスメントが行われていないか、また、女性の人権尊重に関わる作業環境の整備状況について、労働環境モニタリングの中で確認しています。問題があった場合は、工場とともに、改善に取り組んでいます。 ● 2019年には、国連女性機関（UN Women）とのグローバルパートナーシップのもと、ファーストリテイリングの主要生産拠点であるアジアの取引先縫製工場で働く女性を対象に、キャリア形成を支援するプログラムを開発しました。

（出典）ファーストリテイリング ウェブサイト

(3) 紛争等の影響を受ける地域における考慮

(人権尊重ガイドライン4.1.2.4項)

ア 「紛争等の影響を受ける地域」とは

「紛争等の影響を受ける地域」は、武力紛争が生じている地域や犯罪者集団による広範な暴力または深刻な危害が人々に及ぼされている地域等をいう(人権尊重ガイドライン4.1.2.4項)。「紛争等の影響を受ける地域」としては、典型的には、戦争や内戦が行われている地域が挙げられるが、そうした国家レベルの紛争等に限られない。

こうした地域において特別な考慮が必要とした趣旨は、**①深刻な人権への負の影響が生じるリスクが大きいこと**、**②特殊な状況ゆえに気付かぬうちに紛争等の一方当事者による人権侵害に加担してしまう可能性がある**ことにある。

①について、こうした地域においては、そもそも戦争等で行われる爆撃等によって、自社の従業員等のステークホルダーが死傷するリスクが大きいことは容易に想像ができるだろう。また、こうした地域では、たとえば警察などの行政機能も脆弱であることが多く、そのため、犯罪によって被害を受けるリスクも相対的に高いといえる[22]。

②について、たとえば、政府・反政府組織の間で内戦が行われている場合において、反政府組織がその活動資金を得るために様々なビジネスを行っている可能性がある。そして時に、反政府組織と強く関係しているものの名称の異なる別の組織が取引の相手方候補として登場することがある。そうした場合に、人権侵害を行っている反政府組織と強くつながっている組織と気づかないままに、その組織と取引を行い、結果としてその反政府組織による人権侵害に加担していると評価される可能性がある。

このように、**紛争等の影響を受ける地域では類型的に深刻な人権への負の影響が**

---

22) これらの人権への負の影響は、一般的には、企業が引き起こし、または、助長するものとは考えがたく、自社の事業等と負の影響とが直接関係しているという評価もされない可能性もある。そうであるとすると、それらへの対応は、企業の社会的責任の範疇の外ではないかとも考えられる。しかし、紛争等の影響を受ける地域においては、通常の地域と異なり、たとえば自社の役職員が勤務中にこうした負の影響を受ける可能性が相対的に高いことから、「紛争等の影響を受ける地域」において操業していることをもって、自社の事業等と人権への負の影響とが直接関連するとも考えられる。

図表 5-25：「強化された人権 DD」のイメージ

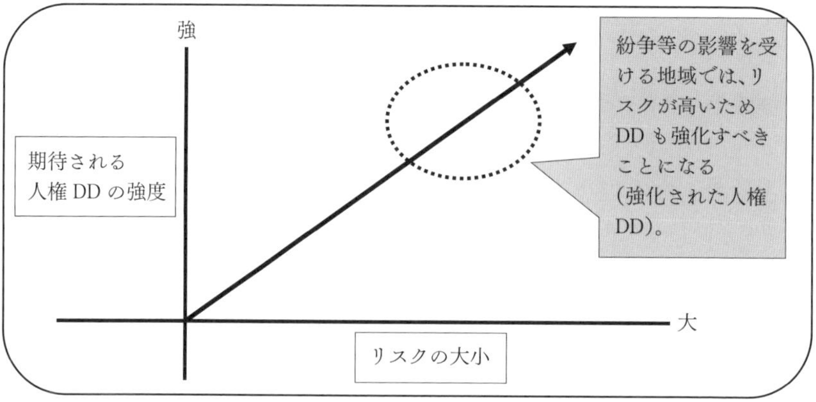

生じるリスクが通常よりも高いため、そのリスクの高さを踏まえて「強化された」
人権 DD を実施すべきであると考えられる。

イ　強化された人権 DD（Heightened Due Diligence）とは

　強化された人権 DD は、たとえば、企業が事業を行う紛争等の影響を受ける
地域の状況についての理解を深め、紛争等を助長する潜在的な要因等を特定す
ることを通して、事業活動が人権への負の影響を与えないようにするだけでな
く、紛争等の影響を受ける地域における暴力を助長しないようにする取組を指
す（人権尊重ガイドライン脚注 71）。

　まず、強化された人権 DD が求められる場面を**図表 5-26** において整理して
いる。重要なことは、**図表 5-26** で掲げられるような内容の報道等に接した場
合には、強化された人権 DD が求められる可能性のある場面であることを想起
することである。そのためには、自社が事業を実施している国・地域において
現地の駐在員や取引先に予め依頼しておくなど、そうした報道等を可能な限り
迅速に把握できる体制を整えておく必要がある。

　次に、強化された人権 DD の具体的な例について、人権 DD の 4 つのステッ
プに沿って**図表 5-27** において整理している。

　図表 5-27 からも示唆されるように、「強化された人権 DD」であるからとい
って、莫大なコストをかけなければ実施できない特別なものというわけではな

図表 5-26：強化された人権 DD が求められる場面

①	「従来にない」武力紛争が広い範囲で起こっている場合
②	（深刻度にかかわらず）二国間で国際的な武力紛争が起きている場合
③	国内で武力紛争が起きている場合
④	軍事占領が起きている場合
⑤	非常に甚大な人権侵害（虐殺、人道に対する罪、戦争犯罪）が起きている場合
⑥	上述のいずれかについて、早期の警告があった場合

（出典）UNDP「紛争等の影響を受ける地域でのビジネスにおける
人権デュー・ディリジェンスの強化　手引書」より作成

図表 5-27：強化された人権 DD として実施すべき内容の例

①状況の把握
- 対応：自社が事業を行う地域の情勢を理解する
- 方法：紛争に関する分析を実施し、定期的に更新する

②関係性の理解
- 対応：自社の事業活動と情勢の相互作用を理解する
- 方法：紛争に関する分析を事業活動サイクルと連動させる

③影響の理解
- 対応：自社が人権に与える影響を理解する
- 方法：人権への影響評価を実施する

④防止・軽減
- 対応：理解したことを活用して負の影響を防止または軽減させる
- 方法：人権デュー・ディリジェンスの強化によって特定された課題を考慮しながら、事業活動を計画、実施、監視、評価する。それに沿って事業活動を設計する

（出典）UNDP「紛争等の影響を受ける地域でのビジネスにおける
人権デュー・ディリジェンスの強化　手引書」より作成

く、高いリスクに着目して人権 DD を実施するということに尽きると思われる。
　それはすなわち、紛争等の影響を受ける地域においては、前記ア（p.113）の
とおり、紛争等の存在ゆえに深刻な人権への負の影響が生じやすく、また、意
図せず紛争等の一方当事者による人権侵害に加担してしまう可能性があること
から、強化された人権 DD が求められる。そうしたリスクと自社との関係性を

分析し、リスクが現実化しないように努めることと理解できる。

ウ　国連指導原則との関係

　国連指導原則は、「強化された人権DD」を明記していない。しかし、国家に対して、「重大な人権侵害のリスクは紛争に影響を受けた地域において高まる」（国連指導原則7）ことから、「ジェンダーに基づく暴力や性的暴力の双方に特別な注意を払いながら、侵害リスクの高まりを評価しこれに対処するよう、適切な支援を企業に提供すること」（国連指導原則7.b）を求めていることを踏まえると、国連指導原則は、**高いリスクがある場合にはその高いリスクに応じた対応を求めている**と考えられる。

　このように人権DDは本来リスクの高低に応じて実施することが想定されており、その意味において、国連指導原則は、「強化された人権DD」を想定していたとも考えられる[23]。

実際の取組例（トタルエナジーズ）

　トタルエナジーズは、フランスの大手エネルギー事業者であり、ミャンマー南西部沖のヤダナガス田を運営する共同事業体に他の3社とともに参画していた（**図表5-28**）。

　同社は、ミャンマーでのクーデター発生後、シェブロンとともにミャンマー石油ガス公社への配当を停止した。この背景には、トタルエナジーズが他社とともに参画していたヤダナガス田の事業の収益が、ミャンマー国軍の影響下にあるミャンマー石油ガス公社に流れており、その結果として、ミャンマー国軍による人権侵害を助長している可能性があると考えられることがあると思われる。

　こうした**ミャンマー国軍による人権侵害と事業収益の関係性の調査・分析は、「強化された人権DD」の一例である**と考えられる。トタルエナジーズによる対応の

---

23)「強化された人権DD」は、高いリスクに応じて強化された人権DDを意味するため、紛争等の影響を受ける地域以外においても、「高いリスク」があると考えられる場合においては、強化された人権DDを実施することが求められる。たとえば、「国家等の関与の下で人権侵害が行われている地域」においても強化された人権DDを実施すべきと考えられる（人権尊重ガイドライン脚注80）。

図表 5-28：ガス田共同体事業の概要

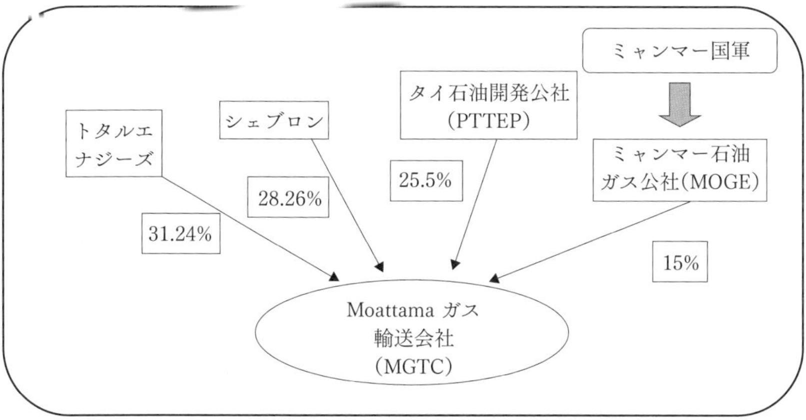

ミャンマー国軍
↓
トタルエナジーズ　　シェブロン　　タイ石油開発公社（PTTEP）　　ミャンマー石油ガス公社（MOGE）

31.24%　　28.26%　　25.5%　　15%

Moattama ガス輸送会社（MGTC）

（出典）トタルエナジーズ プレスリリースより作成

経緯については、**図表 5-29** を参照いただきたい。

図表 5-29：トタルエナジーズによる対応の経緯

2021 年	
2.1	● クーデター発生
2.19	● ミャンマーにおける現在の状況について懸念するとともに、ミャンマーの人々が平和的・繁栄的な国家を探求し続けることを可能にする対話を通じた平和的な解決を期待することなどに言及したプレスリリースを開示。 ● トタルエナジーズを含む複数の企業が共同で声明を発表。
4.4	● ミャンマーとタイにおける数百万の人々に電力供給を続けるためにヤダナガス田における石油の生産を継続する理由や、同社が直面している主なジレンマについて説明する声明を公表。
5.26	● 合弁企業である Moattama ガス輸送会社（MGTC）の株主総会においてシェブロンとともに共同提案を行い、MGTC への株主（トタルエナジーズ、シェブロン、タイ石油開発公社、ミャンマー石油ガス公社）への配当金の分配を停止することを決議した旨のプレスリリースを開示。

2022 年	
1.21	● ミャンマーからの撤退を決定した旨のプレスリリースを開示。 ✓ 当社は、クーデター勃発以降、様々な場面で人権侵害を厳しく非難してきており、当社の意思決定は、「全ての進行中のプロジェクトを停止するが、ミャンマーとタイの人々への電力供給に不可欠なヤダナガス田における石油の生産は継続し、当社の従業員を刑事訴追や強制労働のリスクから保護し、また、ミャンマー石油ガス公社（MOGE）が受け取る資金の流れを、実質的・法的に可能な限り制限する」という明白な原則に従って行ってきた。 ✓ そうした対応を行ってきたにもかかわらず、当社は、ヤダナガス田における（天然ガスの）生産から生じる収益が政府が所有する MOGE を通じてミャンマー政府に流れることを止めるよう求める多くのステークホルダーの期待に応えることができていない。実際に、当社にとって、そうした期待に応えることは実質的に不可能である。 ✓ ミャンマーの状況は、人権やより一般的な法の支配の観点から、クーデターの発生以降悪化の一途をたどっている。そうした状況を受け、当社は、現在の状況を再度評価し、これ以上、ミャンマーにおいて十分にポジティブな貢献をすることができないものと考えている。 ✓ 結果として、当社は、当社にとっていかなる金銭的補償なくヤダナガス田における事業および MGTC から撤退するための契約上の手続を開始することを決定した。当社は、契約で定められた期間が経過し当社の撤退が発効するまでの間、現地の人々の利益のための天然ガスの供給の継続性を確保するために責任あるオペレーターとしての行動を継続する。
3.16	● ミャンマーからの責任ある撤退を実行する旨のプレスリリースを開示。 ✓ 当社は、特に、長年にわたって支援を行ってきた当社の従業員および地域社会を含む当社のステークホルダーのため、責任ある撤退を確保するべくデュー・ディリジェンスを開始した。タイ石油開発公社は、ヤダナガス田のオペレーターとしての当社の地位を引き継ぎ、また、シェブロンとともに当社の持ち分を取得する意向である。 ✓ タイ石油開発公社は、ミャンマーで当社の関係会社が現在雇用している全てのスタッフを雇用する意向を表明している。当社は、公正で秩序だった形で従業員の雇用の移転が行われることを確保するために、タイ石油開発公社と緊密に連携している。当社は、MGTC パイプライン近くの地域社会を支援するための経済社会の発展プログラムが撤退後も継続されることが確保されるよう、タイ石油開発公社と連携して

	いく。 ✓当社の撤退は、遅くとも 6 か月の契約期間が終了する 2022 年 7 月 20 日に発効するが、これは、当社とタイ石油開発公社に、当社が事業を行っている地域社会と従業員、重要なステークホルダーにとって公正な移行を確保しつつ、安全で秩序だった事業承継を確保するための十分な時間を与えるものである。
7.20	● ミャンマーからの撤退完了のプレスリリースを開示。 ✓2022 年 1 月以降、当社は、責任あるオペレーターとして事業を継続するとともに、ミャンマーにおけるステークホルダーに対して責任ある形での撤退を確実に行うために、デュー・ディリジェンスを実施してきた。 ✓ミャンマーにおける全ての従業員は、新しいオペレーターとの雇用契約を同一の職務内容と給与条件で提示され、将来の雇用は確保された。また、MGTC パイプライン近隣の地域社会のための歴史的な経済開発プログラムを継続するため、専用ファンドへの拠出を通じて、当社とタイ石油開発公社との間で補足的な支援合意が交わされた。 ✓当社は、ミャンマーで起こっている人権蹂躙・侵害を改めて非難するとともに、ミャンマーの人々への支援と平和と法の支配への迅速な回帰への期待を再確認する。

（出典）トタルエナジーズおよび責任あるビジネスのためのミャンマーセンターの
各ウェブサイト（英文）より作成

Chapter 6
人権 DD ステップ②
（負の影響の防止・軽減）

Chapter 5 で特定された潜在的な負の影響（人権侵害リスク）について、防止・軽減のための手段を講じ、実際に負の影響が発生しないよう、また、発生した場合の被害が小さくなるようにする。負の影響の防止・軽減が難しい場合には、取引停止や撤退についても検討することになる。

　特定した負の影響について、優先順位に従って、負の影響を防止・軽減していく。「防止」とは、「負の影響がそもそも発生しないようにするための活動」を、「軽減」とは、「負の影響が発生した場合に影響を少なくする活動」を意味する（OECD ガイダンス Q31）。

　企業の対応は、負の影響の類型により異なる（**図表 6-1**）。そのため、「引き起こす」（Cause）および「助長する」（Contribute）の各ケース（後記①）と、「直接関連する」（Directly linked）のケース（後記②）に分けて説明する。

　なお、「引き起こす」のケースにおける「負の影響を引き起こしている行為を停止する」は、あくまでも負の影響を引き起こしている行為の停止を意味し、取引行為自体の停止を意味しない。たとえば、「自社内において、技能実習生の旅券（パスポート）を保管したり、技能実習生との間でその貯蓄金を管理する契約を締結していたりしたことが発覚した」（人権尊重ガイドライン 4.2.1.1 項）という例では、パスポートを保管したり貯蓄金を管理する契約を締結したりする行為を止めることを意味し、技能実習生との契約を解除することを意味しない。

図表 6-1：負の類型に応じた対応

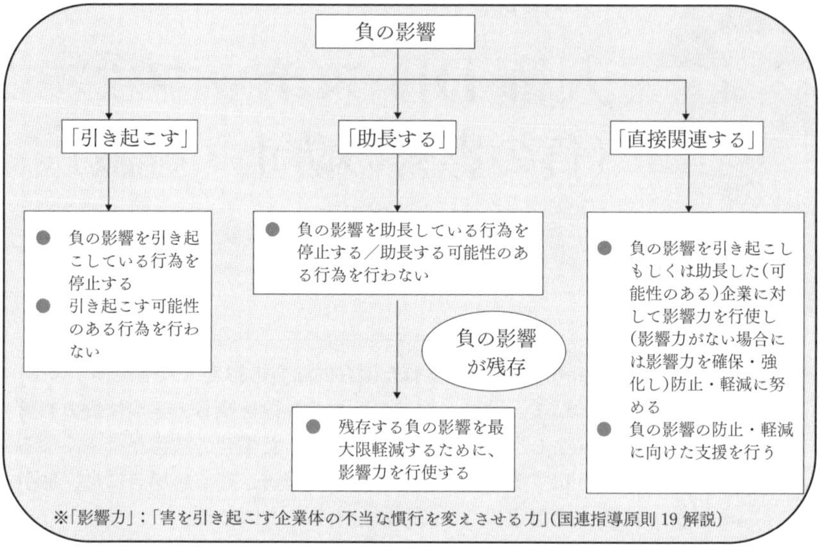

（出典）人権尊重ガイドライン 4.2.1.1 項および 4.2.1.2 項より作成

防止・軽減と救済との区別

　負の影響の防止（prevention）・軽減（mitigation）と、救済（remedy）の概念は、それぞれどのように整理されるか。前記の防止・軽減の定義や、国連指導原則 17 の解説等[1] を踏まえると、潜在的な人権への負の影響への対応は「防止・軽減」、実際の人権への負の影響への対応は「救済」と整理することができる。

　他方で、国連指導原則 25 解説が明示するように、救済には、予防的措置も含まれる。すなわち、同解説は、「救済には、謝罪、原状回復、リハビリテーション、金銭的または非金銭的補償、及び処罰的な制裁（罰金などの刑事罰または行政罰）や、例えば行為停止命令や繰り返さないという保証などによる損害の防止を含む」としている。

---

1) 国連指導原則 17 は、「潜在的な影響は防止あるいは軽減することを通して対処されるべきであり、一方で、現実の影響−既に生じたもの−は是正の対象となるべきである」とし、ラギー・Chapter 1 注 3）162 頁は、「有害な影響の可能性には、防止と軽減を通じて取り組むべきだ。既に発生してしまった現実の影響は、是正の対象となるべきだ」とする。

これらを踏まえると、防止・軽減および救済は、**図表 6-2** のように使い分けられているものとも考えられるが、再発リスクについて救済するではなく「防止・軽減」するとも言い得るのであり、必ずしも厳密な使い分けではないと思われる。

図表 6-2：防止・軽減と救済の整理

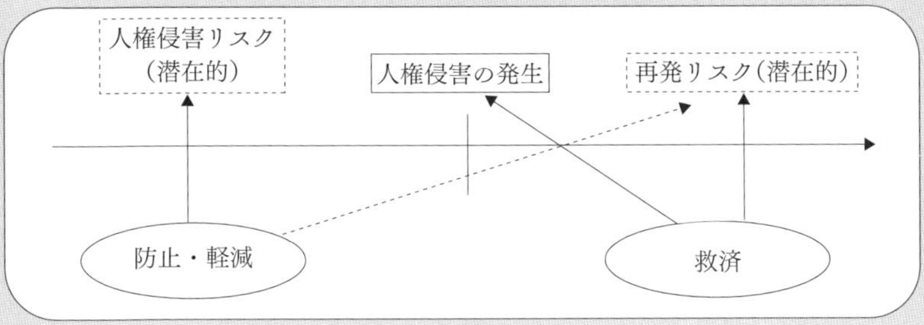

①　具体例の紹介①（「引き起こす」・「助長する」の場合）

　自社が引き起こしまたは助長する負の影響を防止・軽減する場合の例（人権尊重ガイドライン 4.2.1.1 項）（**図表 6-3**）について説明する。

　①の例は、自社において実際に負の影響が発生していた場面を指している。技能実習生のパスポートを保管したり、その預貯金を管理する契約を締結したりすることは、法令に違反する行為である[2]。したがって、パスポートの保管行為を中止して技能実習生に返還することや、預貯金管理契約を解除することが求められる（これらは、実際の負の影響への対応であり、後記 Chapter 9（p.177）の「救済」に当たる）。その上で、①の例では、自社でそうした人権への負の影響が発生したことを受けて、自社の他部門・サプライヤーに対して、そうした負の影響が生じていないかを確認し、同様の問題行為が起こらないように対応している（本 Chapter の潜在的な負の影響の防止・軽減に当たる）。

---

[2]　人権尊重の取組は、Chapter 2 ③ (1)（p.19）のとおり、国際的に認められた人権を対象とする。他方で、国際的に認められた人権に該当するかどうかにかかわらず、適用される法令を遵守する必要があることは当然であるから、適用される法令で認められた権利および自由を侵害するケースも、同様に対応することが求められる。

図表 6-3：防止・軽減の具体例（「引き起こす」・「助長する」の場合）

	事例
①	法律によって明示的に禁止されているにもかかわらず、自社内において、技能実習生の旅券（パスポート）を保管したり、技能実習生との間でその貯蓄金を管理する契約を締結していたりしたことが発覚したため、社内の他部門はもちろん、サプライヤーに対しても、そうした取扱いの有無を確認するとともに、それらが違法であることを周知し、取りやめを求める。
②	調達活動における具体的な業務手順（例：サプライヤーの生産設備や生産能力に基づく発注計画をサプライヤーと協議しながら立案すること、事前に合意した数量・納期で発注しサプライヤーの同意なしに数量や納期の変更をしないこと）を調達方針に明記し、調達関連部門の従業員に対して定期的にトレーニングを実施する。
③	自社の製品の新規販売予定先について、人権侵害を行っていたとの報道があるため、使途を確認した結果、自社の製品がその販売予定先において人権侵害に用いられる蓋然性があることが判明したことから、その販売予定先に自社の製品を販売することを取りやめる。

　②の例では、自社が主に「助長する」可能性のある、サプライヤーにおける潜在的な負の影響の防止・軽減に取り組んでいる。すなわち、自社がサプライヤーと事前に合意した数量・納期を一方的に変更した場合には、サプライヤーは、その変更を行うために当初予定していなかった対応に迫られ、追加的な工程が発生することになる。そして、このことによって、サプライヤーの労働者は過度の長時間労働をせざるを得なくなる状況に置かれる可能性がある[3]。この負の影響が発生しないように、自社の調達部門の従業員に対してトレーニングを実施している。

　③の例は、サプライチェーンの下流における負の影響の防止・軽減の例である。自社が想定していた用途と異なる形で、人権侵害に自社の製品・サービスが使用されてしまうことも考えられる。もちろん、そのような抽象的な可能性については多くの製品・サービスで考えられるものの、この例では、「新規販売予定先が人権侵害を行っていたとの報道」があったことを受けて、その新規

3）人権尊重ガイドライン 2.1.2.2 項の表中の「助長する」の例の一つ目参照。

販売予定先の使途を確認し、負の影響が生じる蓋然性があると判断し、販売を中止している。

　もちろん、製品・サービスの販売前に「下流」において深刻な負の影響が生じる蓋然性が高いと考えられる場合には、事前に販売予定先の使途の確認等の対策を行うことが望ましい（後記 Column「『下流』における『負の影響』が特に問題となるケース」(p.126) も参照）。

（後記 Column「『下流』における『負の影響』が特に問題となるケース」(p.126) も参照）

実際の取組例（帝人フロンティア）

　帝人フロンティアは、その子会社において技能実習生を採用している。

　技能実習生の受け入れには、企業単独型と団体監理型があるが、後者の制度の概要は**図表 6-4** のとおりである。

図表 6-4：外国人技能実習制度の概要（団体監理型）

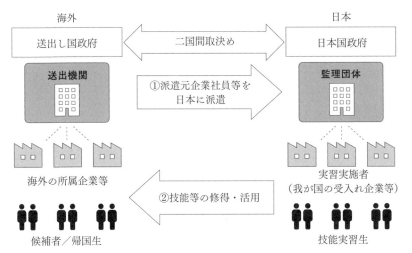

（出典）公益財団法人国際人材協力機構（JITCO）ウェブサイト

技能実習生の中には、来日時に送出機関に対して多額の手数料を支払うことを求められ、その手数料を借金によって賄い、結果として、その借金を返済するたびに働かなければならない状況に陥ってしまうケースがあり、そうしたケースはいわゆる債務労働であり、強制労働（前記 Chapter 2 ③ (2) ア (p.20)）ではないかと批判されてきた[4]。

　帝人フロンティアは、技能実習生を採用する子会社において、送出機関の手数料を負担したり、また、手数料を支払っていないことを技能実習生に直接確認したりすることを通じて、潜在的な負の影響を防止・軽減している。

> 繊維・製品事業では、長年にわたり外国人技能実習制度を活用し、外国人技能実習生を採用してきましたが、社内調査により、技能実習生が自国で送出機関に多額の手数料を支払って来日していることが判明しました。そこで、技能実習生を受け入れる工場がその手数料を支払うことで、技能実習生の手数料負担をなくす「ゼロフィー・プロジェクト」を 2019 年度より開始しました。帝人フロンティアの子会社で、技能実習生を受け入れている会社は、「外国人労働者に関する行動規範」を策定して監理団体に周知するとともに、2020 年度からは送出しに必要な手数料を、技能実習生を受け入れる帝人フロンティアの子会社で負担しています。このゼロフィーを確保するため、送出機関における手数料の情報を開示してくれる監理団体から技能実習生を受け入れることにしています。また、技能実習生が手数料を支払っていないことは技能実習生に直接確認しています。

　　　（出典）帝人グループ 2021 年度奴隷労働と人身取引に関するステートメント（参考訳）

Column

「下流」における「負の影響」が特に問題となるケース

　自社にとってある取引先が「上流」にあるか「下流」にあるかは、自社からサプライチェーンを見た場合の相対的な概念である。「下流」での人権への負の影響として、「医療機関が、男児を優先するために中絶を勧めようとして、女の

4）日本政府は、技能実習制度等の在り方等を議論していた「技能実習制度及び特定技能制度の在り方に関する有識者会議」による 2023 年 11 月 30 日付最終報告書を踏まえ、2024 年 2 月 9 日、現行の技能実習制度を実態に即して発展的に解消し、人手不足分野における人材確保及び人材育成を目的とする育成就労制度を創設することなどを含む対応方針を決定した。

胎児を映し出すためにスキャンを使用する。」という例がある[5]。ここでは、（本来の目的とは異なるとはいえ）スキャンが女児の中絶という人権侵害に用いられていることをもって、スキャンの提供者と中絶が直接関連していると考えられる（**図表 6-5**）。

図表 6-5：下流における人権侵害の例

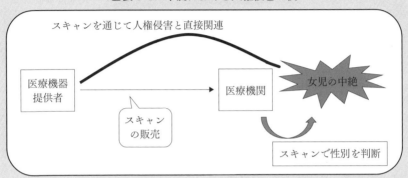

図表 6-5 の例以外にも、「下流」に関する人権 DD は様々な場面で問題となり得る。たとえば、2021 年 9 月には、バチェレ国連人権高等弁務官（当時）が、適切な保護措置が実施されるまでの間、人権に対する深刻なリスクを提起する AI システムの販売・使用を一時停止する緊急の必要性があると訴えた。これは、製造業者や販売業者にとって「下流」である、購入者やエンドユーザー等による「AI システム」の利用に伴う人権への負の影響を懸念したものと考えられる。

前記 Chapter 2 ④ (2)（p.44）のとおり、影響力の強弱を基礎づける一つの要素である「上流」か「下流」かは、人権尊重責任の大小に影響を与えず、企業による対応の程度（行使できる影響力の度合い）において考慮されるにとどまる。したがって、自社にとって、「上流」よりも「下流」における人権への負の影響の方がより優先順位が高いと考えられる場合、「下流」の負の影響にまず対応すべきことになる。

前記各例のように、「下流」においては、**製品やサービスが企業側の想定と異なる用法や態様で用いられることにより、人権を侵害してしまうという事例が典型的**である。こうした特徴を踏まえて、「下流」における負の影響への具体的な対応の例を**図表 6-6** にまとめている。

---

5)「人権尊重についての企業の責任－解釈の手引き－」ボックス 2。

図表 6-6：「下流」への対応の例[6)]

販売前	● ある製品・サービスが人権侵害に「誤用」されるリスクがあるかを検討し、そのようなリスクを防止・軽減することができるような設計とする。 ● 人権侵害に「誤用」されるリスクが高い製品・サービスの販売にあたっては、契約に基づき購入者に対して、人権侵害リスクを防止・軽減するための義務を課す。 ▶ たとえば、契約上、そのような「誤用」を禁止するとともに、「誤用」された場合における解除や損害賠償の規定を設ける。 ▶ エンドユーザーを把握することが困難である場合には、購入者（契約相手方）に対して、再販売の際に人権 DD を実施する義務を課す。 ● 人権侵害に「誤用」されるリスクが高い製品・サービスについて、特化した苦情処理メカニズムを構築する。
販売後	● 自社の提供する製品・サービスが人権侵害に「誤用」されていないか、継続的に情報を収集する。 ● 自社の製品・サービスが人権侵害に「誤用」された場合には、取引先に対して「販売前」に締結した契約条項に基づき対応を行う。 ● 確認された「誤用」と同様の「誤用」が行われていないか、他の取引先についても確認をするとともに、改めてそうした「誤用」が行われないように注意喚起を行う。

実際の取組例（ソニーグループ）

　ソニーグループは、「AI の利活用に伴う法律、ブランドイメージ、および倫理上のリスクを評価し、低減すること」も目標の一つに、AI 倫理ガイドラインを策定し、AI 倫理委員会等を設置・運用している。AI 倫理ガイドラインにおいて、「AI の活用において、不当な差別を起こさないよう、多様性やお客様

6）米国国務省の「外国政府をエンドユーザーとする監視機能を有する製品・サービスに係る取引のための国連指導原則の実施に関するガイダンス」（Guidance on Implementing the UN Guiding Principles for Transactions Linked to Foreign Government End-Users for Products or Services with Surveillance Capabilities）は、限定的な場面における検討を示すものであるが、下流における対応を検討するにあたって参考になる。

をはじめ様々なステークホルダーの人権を尊重する」ことを明記している。

自社の AI 搭載製品・サービスの利用時に想定される、サプライチェーンの下流における潜在的な負の影響を防止・軽減するための取組と考えられる。

ソニーでは、AI 倫理に関して 4 つの目標を掲げています。第 1 に、ソニーにおける AI 倫理の取り組みは、ソニーのグローバルな競争力の維持、強化に貢献するものでなければなりません。AI をソニーの持続可能な競争優位性として推進・加速するためには、AI を倫理的な方法で利活用するための能力に投資する必要があります。AI は新しいテクノロジーであり、予測できない影響が発生しうることを考えると、この点を軽視することはできません。これにもとづく第 2 の目標は、AI の利活用に伴う法律、ブランドイメージ、および倫理上のリスクを評価し、低減することです。AI の倫理に関する懸念に対し、事後的ではなく、事前に対処する姿勢が必要であると考えます。第 3 に、ソニーがグローバルに業界をリードするテクノロジー企業であることに鑑み、ソニーの AI 搭載製品およびサービスは、国籍、ジェンダー、および他の属性を問わずすべてのお客様にとって適切なものでなければなりません。最後に、ソニーの目標は単に社会における最新の AI 倫理の実践に対応するだけでなく、責任ある AI の実現に向けたリーダーになることです。

ソニーは、これらの目標を実現するため、2018 年に多くの企業に先がけて AI 倫理ガイドラインを策定しました。さらに 2019 年 12 月には、ソニーグループ AI 倫理委員会を設置しました。役員レベルのマネジメントにより構成される同委員会は、リスクが大きい AI の利活用事例について検討し、是正あるいは中止に関する勧告を行う意思決定を下す役割を担っています。また、ソニーにおけるすべての AI 製品に対して、倫理上の懸念について評価を行う方向性を定めました。2021 年には、ソニーの各組織に AI 倫理に関する専門知識とサポートを提供するための組織として、AI 倫理室を設置しました。さらに、数か月にわたる試行・準備期間を経て、2021 年 7 月にはエレクトロニクス製品を対象とする品質マネジメントシステムに AI 倫理アセスメントを必須の遵守事項として規定・施行しました。

（出典）ソニーグループ ウェブサイト

② 具体例の紹介②（「直接関連する」の場合）

自社の事業等と直接関連する負の影響を防止・軽減する場合の例（人権尊重ガイドライン 4.2.1.2 項）（**図表 6-7**）について説明する。

図表 6-7：防止・軽減の具体例（「直接関連する」の場合）

	事例
①	児童労働が発覚したサプライヤーに対して、雇用記録の確認や、児童がサプライヤーにおいて雇用された原因の分析を行い、その結果を踏まえて、更に徹底した本人確認書類のチェック等の児童の雇用を防ぐための適切な管理体制の構築を要請する。また、貧困故に就労せざるを得なかったその児童に就学環境改善支援を行っている NGO に協力する。
②	新規の取引に当たっては、外部調査会社を起用して調査を実施し、取引予定の相手方が自社の調達基本方針に合致していることを確認した上で、その相手方における人権尊重の取組を担保するための条項を含む契約を締結する。
③	業界において大きなシェアを持つサプライヤーから原料の調達を行う複数の企業が、そのサプライヤーに対して人権に関する共通の要件を設定し、それら調達企業間で共有して影響力の強化に努める。そして、その要件に関わる懸念事項が確認された場合には、競争法に十分配慮した上で、それら調達企業が強化された影響力を共同で行使し、そのサプライヤーが有効な負の影響の防止・軽減措置を実施するよう促す。
④	サプライヤーが、人権への潜在的な負の影響を防止・軽減するための取組を実施するに当たっては、一定の条件の下で継続的な調達を約束すること等を通じて支援を行う。

（出典）人権尊重ガイドライン 4.2.1.2 項

事例①では、児童労働という人権侵害が確認されたことを受けて、その再発を予防するための取組を実施している[7]。人権尊重責任は「人権への負の影響に対処すべきこと」（国連指導原則 12）を意味するため、児童労働の再発防止

---

7) その意味では、厳密には「救済」と呼ぶべきであるが、「防止・軽減」と「救済」の区別は必ずしも明確ではない（前記 Column「防止・軽減と救済との区別」（p.122））。

のための管理体制の構築を要請することをもって人権尊重責任を果たしたとも考えられる。もっとも、児童労働の背景には貧困があることが多く、雇用されていたその児童との雇用契約を解除しても、その児童は別の雇用先を探して労働を継続せざるを得なくなる可能性がある。そのため、被害児童へのアプローチなくして、実質的な再発防止にはつながらない可能性が高い。そこで、「就学環境改善支援を行っている NGO に協力する」ところまで対応することが望ましい。

事例②は、新規の取引に入る前の場面を想定している。新規の取引に入る際に人権 DD を実施すべきであることは前記 Chapter 5 ⑤ (1) (p.109) のとおりである。ここでは、自社の調達基本方針と照らし合わせて、新規取引検討先における人権状況をチェックしている。取引検討対象先において人権への負の影響が発生していたとしても、取引開始前であり取引関係にない以上、自社の製品等に「直接関連する」負の影響が存在するものではなく、その負の影響に対応する責任は生じない。

事例③は、調達先であるサプライヤーが「業界において大きなシェア」を持っており自社よりも強い立場にある場面を想定したものである。そのような状況は、自社がそのサプライヤーに対して持つ「影響力」の大小に影響を与えるものの、人権尊重責任を否定したり、その大小を左右したりするものではない。そのため、強い立場にあるサプライヤーに対して採ることが考えられる手段を記載している。「競争法に十分配慮した上で」と競争法に言及しているが、これは、複数の企業が「人権に関する共通の要件」を設定して特定のサプライヤーに要求するという行為が、カルテル[8] といった競争法に違反する行為につながる可能性を持つためである。

事例④は、サプライヤーに対して人権尊重の取組を行うインセンティブを与えるという形で、改善を促す影響力を行使するものである。このように、人権尊重の取組に際しての取引先等に対する改善要請（影響力の行使）は、契約に基づく強制や、契約違反の場合の取引見直しといった制裁的な形のみならず、支援的な形で実施することもできる。

---

8) カルテルとは、「事業者または業界団体の構成事業者が相互に連絡を取り合い、本来、各事業者が自主的に決めるべき商品の価格や販売・生産数量などを共同で取り決める行為」を指す（公正取引委員会ウェブサイト）。

実際の取組例（日本たばこ産業）

　日本たばこ産業は、葉たばこ工作コミュニティにおける児童労働の防止およ
び撲滅の徹底を図るべく、ARISE プログラムを立ち上げ、葉たばこ農家等に
対して働きかけや支援を行っている。

　私たちは、グループの中核的プログラムとして 2011 年に立ち上げた ARISE
（Achieving Reduction of Child Labor in Support of Education）を通じて、葉た
ばこ耕作コミュニティにおける児童労働の防止および撲滅の徹底を図っていま
す。たばこ事業、国際労働機関（ILO）と NGO である Winrock International の
3 者が共同開発したこのプログラムは、JT グループが葉たばこを調達している
コミュニティにおける児童労働の撲滅を目指しており、永続的な効果を可能に
する施策の実施により、プラスの変化を次々と生み出しています。

　児童労働を防止し、その効果を永続させる唯一の方法は、さまざまなステー
クホルダーが手を取り合い、協力してこの問題に取り組んでいくことだと私た
ちは考えています。この取り組みを成功させるには、児童労働の引き金となる
幅広い経済的、社会的、文化的要因の理解が欠かせず、農村地帯の小規模農家
の生計のあり方を抜本的に変えなければなりません。これまでの取り組みから
私たちが学んだのは、児童労働を長期的に解決するには、単に子供たちを働か
せなければよいというわけではなく、児童労働の根本原因を取り除き、家族が
子供たちを働かせなくてすむような現実的なソリューションを共に見いだして
いく必要があるということです。

　JT グループは、ARISE を通じ、子供たちやその家族、農家、耕作コミュニテ
ィに対し、なぜ児童労働をなくさなければならないかを伝えるようにしていま
す。生活上の懸念事項があれば、それに耳を傾け、子供たちが教育を受けるこ
とで得られる長期的なメリットを理解してもらうようにし、親や保護者には、
さまざまな職業スキルを身に付けることで新たな収入が得られる機会を提供し
ています。子供が働いて親を助けるのは当然だと考える文化も世の中には存在
するため、そのような農家や耕作コミュニティに対しては、働き方に対する考
え方を変え、子供たちを児童労働の危険にさらすことがなくなるよう、啓蒙プ
ログラムを展開しています。学校には資金や教材などのリソースを、教師には
研修機会を提供しており、また行政機関には情報を提供することで、児童労働
防止のための法律の整備や施行を支援しています。私たちは、労働慣行の改善、
特に児童労働の防止と撲滅を目指す規制の枠組み強化に向けた国や地域、地方
の行政機関の方針に則った取り組みを展開しています。

（出典）日本たばこ産業 ウェブサイト

人権 DD と競争法

　日本の独占禁止法のように、市場における公正で自由な競争の実現を目指す法律を一般に「競争法」（Competition Law）と呼ぶ。人権 DD は、それを実施する企業が取引先に対して、一定の人権尊重を求めるものでもあるところ、そうした行為が「市場における公正で自由な競争」を害するのではないかという懸念が生じ得る。

　たとえば、競争法に違反する行為の一つとして、独占禁止法第 2 条第 9 項第 5 号が定める「優越的地位の濫用」がある（**図表 6-8**）。

図表 6-8：「優越的地位の濫用」の定義

自己の取引上の地位が相手方に優越していることを利用して、正常な商慣習に照らして不当に、次のいずれかに該当する行為をすること
- イ　継続して取引する相手方（新たに継続して取引しようとする相手方を含む。ロにおいて同じ。）に対して、当該取引に係る商品又は役務以外の商品又は役務を購入させること。
- ロ　継続して取引する相手方に対して、自己のために金銭、役務その他の経済上の利益を提供させること。
- ハ　取引の相手方からの取引に係る商品の受領を拒み、取引の相手方から取引に係る商品を受領した後当該商品を当該取引の相手方に引き取らせ、取引の相手方に対して取引の対価の支払を遅らせ、若しくはその額を減じ、その他取引の相手方に不利益となるように取引の条件を設定し、若しくは変更し、又は取引を実施すること。

　この点について、たとえば、ある鉱物をサプライヤーから購入するにあたって、一方的にその鉱物が児童労働によって採掘等されたものではないことの保証を求めることは、文言上、「正常な商慣習に照らして不当に……取引の相手方に不利益となるように取引の条件を設定」することに該当する可能性がある。このような問題意識は、人権だけではなく、環境視点での取組にも妥当する。

　公正取引委員会は、2023 年 3 月末、事業者等のグリーン社会の実現に向けた取組を後押しすることを目的として、「グリーン社会の実現に向けた事業者等の活動に関する独占禁止法上の考え方」を策定した。同考え方は、たとえば、「優越的地位の濫用」に関して、温室効果ガス削減に向けた取組と競争法との関係を**図表 6-9**のように整理している。

図表 6-9：優越的地位の濫用に関する考え方

▶ 事業者が、温室効果ガス削減を目的として、取引の相手方に対して、取引の対象となる商品または役務の品質等に関して、従前と異なる条件を設定することが考えられる。**たとえば、取引の相手方に対して特定の仕様を指示して継続的に部品の製造を発注している場合、部品の製造過程において排出される温室効果ガスを一定程度削減することを仕様に盛り込むことがある。**事業者がどのような取引条件で取引するかについては、基本的に、取引当事者間の自主的な判断に委ねられるものであり、このような行為を行ったことをもって、**直ちに独占禁止法上問題となるものではない。**

▶ また、事業者が、サプライチェーン全体における温室効果ガス削減に向けた取組が必要であると考え、部品の製造を委託している取引の相手方に対して、温室効果ガス削減に向けた取組を可能な範囲で実施することを検討してほしい旨の一般的な要請を行うことがある。こうした行為は、取引の相手方が行った検討結果を踏まえ、部品の製造過程等における温室効果ガス削減につながる取組や取引条件の変更を各事業者と議論し、取引価格の再交渉において、取引の相手方に生じるコストの上昇分を考慮した上で、**双方納得の上で取引価格を設定する場合には、独占禁止法上問題とならない。**

▶ しかし、温室効果ガス削減という**社会公共的な目的**によるものであったとしても、**事業者が、自己の取引上の地位が相手方に優越していることを利用して、**たとえば、取引の相手方に対し、温室効果ガス削減を目的とした要請を行い、取引の相手方が当該要請を実現するために必要なコスト負担を考慮せず対価を一方的に定める行為や、温室効果ガス削減を理由として経済上の利益を無償で提供させる行為は、**前記目的を考慮してもなお正常な商慣習に照らして不当なものであると認められる場合、不公正な取引方法の一つである優越的地位の濫用として独占禁止法上問題となる**（独占禁止法第 19 条）。

（出典）公正取引委員会「グリーン社会の実現に向けた事業者等の活動に関する独占禁止法上の考え方」45 頁（太字は筆者）

そもそも環境と人権とはデュー・ディリジェンスという同様の枠組みで対応することも想定されている（前記 Column「人権と環境」（p.41）参照）。その上、同考え方自体が、（温室効果ガス削減に向けた取組と）「同様に社会公共的に望ましい目的のために実施される「持続可能な開発目標（SDGs）」達成に向けた事業者等の取組についても、行為の性質を踏まえれば、本考え方が示す判断枠

組み等を適用できる可能性が高い」と言及している。

こうしたことを踏まえると、人権DDに際して独占禁止法上の懸念を検討する際にも、同考え方は参考になるといえる。

人権尊重の取組についての契約条項

負の影響を防止・軽減する手段の一つとして、人権尊重の取組に関する条項を契約に盛り込むことが考えられる。

たとえば、人権侵害リスクに関する表明保証条項とともに、表明保証に違反した場合の解除条項を設ける例も見られる。しかし、前記Chapter 3 ② (p.56)のとおり少なくとも潜在的な負の影響は常に存在することからすれば、負の影響の不存在を表明保証することはその性質上困難である。また、表明保証条項は、負の影響の不存在といった状態を保証させるものであり、相手方の具体的な取組を促しづらい面もある。

こうしたことも踏まえ、近時は、人権DDの実施義務、人権DDの実施状況に関する情報開示義務、相手方に対する調査権限といった内容を盛り込む傾向にある。これらの検討に際しては、日弁連ガイドラインのモデル条項案（**図表6-10**）が参考になる[9]。

もちろん、そもそも何をもって「人権DD」と規定し、どのように義務の履行を確認していくか、さらには、問題が発生した場合にどのように義務違反を主張していくのか（そして契約相手方からその主張が合理的であると受け入れられるか）について、実務上の課題が大きいことは否定できない。また、契約は、当事者間でリスクを分担する定めにすぎず、いくら契約条項を追加したとしても、契約相手方から実質的な協力を得ることができなければ、取組の本来の趣旨（負の影響の防止・軽減や救済）を実現することは難しい。

しかし、こうした条項は、取引先が情報を提供しない、監査の受入れに同意しないといった実務上の課題を一定程度解決し得るものではあり、人権尊重の取組を進める上で有意義なツールの一つである。実務上の課題や留意点を認識しながら、取引先等における負の影響を防止・軽減する方法の一つとして導入を検討していくことが期待される。

---

9) なお、米国法曹協会（American Bar Association）は、2021年3月、「国際的なサプライチェーン上の労働者保護のためのモデル契約条項　バージョン2.0」（"Model Contract Clauses to Protect Workers in International Supply Chains, Version 2.0"）を公表している。同条項では、日弁連ガイドラインのモデル条項案に比して、契約当事者双方が義務を負う双務的性格が強くなっていると思われる。

図表6-10：モデル条項案（日弁連ガイドライン）

第○条（CSR条項）
1 （本条項の目的）

　甲は、企業の社会的責任（CSR）及び人権を尊重する責任を果たすために、CSR行動規範を策定した上これを遵守し、かつ人権方針を策定した上人権デュー・ディリジェンスを実施しているところ、サプライチェーン全体におけるCSR・人権配慮が必要となっていることにかんがみ、甲及び乙は、そのための共同の取組を継続的に推進するために、本条項に合意するものとする。

2 （CSR行動規範の遵守）

　乙は、甲と共同して企業の社会的責任を果たすために、別紙規定のCSR行動規範を遵守することを誓約する。また、乙は、乙の調達先（本件取引基本契約の対象となる製品、資材又は役務に関連する調達先に限る。サプライチェーンが数次にわたるときは全ての調達先を含む。以下「関連調達先」という。）がCSR行動規範を遵守するように、関連調達先に対する影響力の程度に応じて適切な措置をとることを誓約する。ただし、乙の2次以下の関連調達先がCSR行動規範に違反した場合に乙に直ちに本条項の違反が認められることにはならず、乙がこの事実を知り又は知りうべきであったにもかかわらず適切な措置をとらなかった場合にのみ本条項の違反となるものとする。

3 （人権デュー・ディリジェンスの実施）

　乙は、甲と共同して企業の人権を尊重する責任を果たすために、本取引基本契約締結後速やかに、人権方針を策定した上人権デュー・ディリジェンスを実施することを誓約する。また、乙は、乙の関連調達先が同様の措置をとるように、その関連調達先に対する影響力の程度に応じて適切な措置をとることを誓約する。ただし、乙の2次以下の関連調達先が人権デュー・ディリジェンスを実施しなかった場合に乙に直ちに本条項の違反が認められることにはならず、乙がこの事実を知り又は知りうべきであったにもかかわらず適切な措置をとらなかった場合にのみ本条項の違反となるものとする。乙及びその関連調達先が人権デュー・ディリジェンスを実施するにあたっては、日本弁護士連合会「人権デュー・ディリジェンスのためのガイダンス（手引）」を参照する。

4 （発注企業の情報提供義務）

　甲は、乙から第1項規定のCSR行動規範の遵守又は第2項規定の人権デュー・ディリジェンスの実施の内容に関し説明を求められたときは、乙に対し、相当な範囲で情報を提供しなければならない。

5（サプライヤーの報告義務）

　乙は、甲に対し、定期的に、乙及び乙の関連調達先の CSR 行動規範遵守及び人権デュー・ディリジェンス実施の状況を報告する義務を負う。乙は、当該報告にあたっては、甲の求めに応じて、報告の内容が真実であることを証明する客観的な資料を提出しなければならない。

6（サプライヤーの通報義務）

　乙は、乙又は乙の関連調達先に CSR 行動規範の違反事由又は重大な人権侵害が認められることが判明した場合、速やかに甲に対し、通報する義務を負う。

7（発注企業の調査権・監査権）

　甲は、乙及び乙の関連調達先の CSR 行動規範の遵守状況及び人権デュー・ディリジェンス実施状況を調査し、又は第三者をして監査させることができ、乙は、これに協力しなければならない。

8（違反の場合の是正措置要求）

　乙に第 2 項又は第 3 項の違反が認められた場合、甲は、乙に対し、是正措置を求めることができる。乙は、甲からかかる是正措置要求を受けた日から〇週間以内に当該違反の理由及びその是正のための計画を定めた報告書を甲に提出し、かつ相当な期間内に当該違反を是正しなければならない。

9（是正措置要求に応じない場合の解除権）

　前項の甲の乙に対する是正措置の要求にかかわらず、乙が相当な期間内に第 2 項又は第 3 項の違反を是正せず、その結果当該条項の重大な違反が継続した場合、甲は、本取引基本契約又は個別契約の全部若しくは一部を解除することができる。ただし、乙が当該違反を是正しなかったことに関し正当な理由がある場合は、この限りではない。

10（損害賠償の免責）

　甲が前項の規定により、本取引基本契約又は個別契約の全部若しくは一部を解除した場合、乙に損害が生じたとしても、甲は何らこれを賠償ないし補償することを要しない。

11（CSR 行動規範の改定）

　甲は、CSR 行動規範の改定が社会的に合理的と認められる場合又は乙からその承諾を得た場合、CSR 行動規範を改定することができる。前者の場合、甲は、乙に対し、改定の内容を通知しなければならない。

（出典）日本弁護士連合会「人権デュー・ディリジェンスのためのガイダンス（手引）」5.4 項（CSR 条項モデル条項例）

実際の取組例（三井物産）

三井物産は、一部契約書のひな型に、人権デュー・ディリジェンス等の実施を義務付ける内容を盛り込むとともに、社内での活用を推奨している。

> 当社は 2023 年 5 月に買契約書の裏面約款（和文・英文）のひな形に人権条項を追加しました。サプライヤーに対し、当社の持続可能なサプライチェーン取組方針の遵守や国際的に認められた人権の尊重、人権デューデリジェンスの実施・報告、アンケートや現地訪問調査への協力、人権問題が発覚した場合の通知・是正措置の実施を義務付ける内容で、社内での活用を推奨しています。

（出典）三井物産ウェブサイト

Column　サステナビリティにまつわる認証制度

人権への負の影響を防止・軽減する施策として、特定の人権課題に着目した認証を取得している製品・サービスを購入するという選択肢も考えられる。実際、東京オリンピック・パラリンピックの際には、物資の調達に際して、様々なサステナビリティに関する認証制度が活用された。

他方で、特定の製品やサービス、または、サステナビリティに関する特定の課題に着目するものではなく、（人権を含む一定の対象事項についての）企業の取組に関する枠組み・制度も存在する。たとえば、SA8000 や B Corp 認証といった制度があり、日本国内においても一定程度認知されている。国際標準化機構（ISO：the International Organization for Standardization）は、人権を含むスタンダードとして ISO26000 を策定しているが、企業が認証を得ることができる規格ではなく、ガイダンス規格にとどまる（**図表 6-11**）。

人権に着目したものではないが、日本政府が「節水などの企業の取り組みを定量的に評価する基準をつくり、認証制度として 2025 年度にも運用を始める」と報道されている[10]。サステナビリティに関する取組は、取引先や消費者等のステークホルダーから認識されづらいものも多く、認証に関する議論は今後も継続的に行われていくものと思われる。

10）日本経済新聞「企業の節水・水源保全に認証制度、政府　25 年度にも運用」（2023 年 1 月 28 日）。

図表 6-11：企業による人権も含む取組に関する枠組み

	ISO26000	SA8000	B Corp 認証
策定主体	国際標準化機構 (ISO)[11]	Social Accountability International（NGO）	B Lab（NPO）
認証可否	認証不可（ガイダンス規格）	認証可	認証可
対象組織	あらゆる種類の組織	あらゆる種類の組織	1年以上事業を行っている営利企業
対象項目	組織統治、人権、労働慣行、環境、公正な事業慣行、消費者課題、コミュニティへの参画およびコミュニティの発展	児童労働、強制労働、健康と安全、結社の自由および団体交渉権、差別、懲罰、労働時間、報酬、マネジメントシステム	労働者、コミュニティ、環境、顧客への企業の影響（影響評価での対象項目）

（出典）各種公表資料より作成

③ 取引停止

(1) 位置付け

　サプライヤー等における負の影響に対して、企業は、影響力を行使することで、その負の影響を防止・軽減するよう、そのサプライヤー等に対して働きかけることが求められる。しかし、実際には、影響力を行使しようとしても、そのサプライヤー等が全く対応しないという場合もあり得る。このような場合には、そのサプライヤー等との取引を停止することが考えられる。取引停止は、直接的に人権への負の影響を防止・軽減するものではないことなどから、最後の手段[12] として位置付けられている（**図表 6-12**）（人権尊重ガイドライン 4.2.1.3

---

11) ISO26000 を基に、技術的内容および構成を変更することなく作成された日本工業規格として、JISZ26000 がある。

12) OECD ガイダンスは、最後の手段であることを明記している（OECD ガイダンス第Ⅱ部3.2）。

図表 6-12：取引停止の位置付け

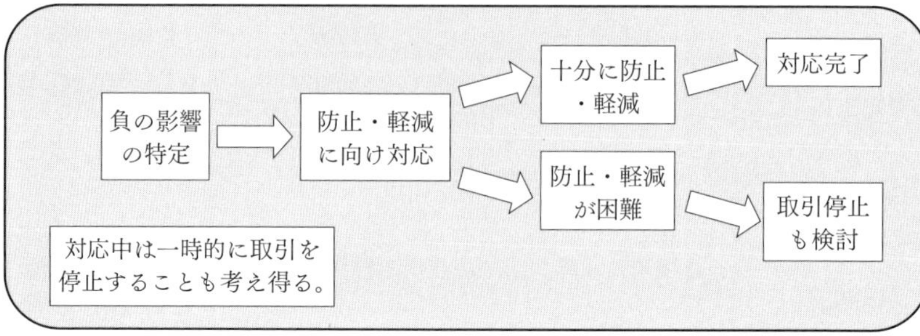

項・国連指導原則 19 解説[13]）。

　なお、取引停止後は、「取引を継続するために人権課題に対応する」という相手方のインセンティブが消失することから、取引再開への期待を梃子にして負の影響の防止・軽減に向けて働きかけを行うことは想定されない。他方で、一時的な取引停止は、取引再開への期待を梃子に働きかける対応であるから、ここで議論する「取引停止」には、一時的な取引停止は含まれないと考えられる[14]。

(2)　具体的な検討

　たとえば、自社（A 社）の製品の原材料がある取引先（B 社）においてその従業員を強制的に労働させることによって採掘されていたことから、その取引先との取引停止を検討するという場面（**図表 6-13**）を考える。

　このような場合、取引を停止すれば、強制労働によって生産されていた原材料が A 社の製品に使われなくなることから、その強制労働と A 社の製品との

---

13) 負の影響の防止・軽減について定める国連指導原則 19 は、「人権への負の影響を防止し、また軽減するために、……適切な措置をとるべき」としているところ、国連指導原則は、この「適切な措置」をとる一環として、責任ある取引停止（responsible disengagement）の役割を明確に想定している（OHCHR「困難な状況下におけるビジネスと人権　事業継続および撤退のための考慮事由」（"Business and Human Rights in Challenging Contexts *Considerations for Remaining and Exiting*"）（2023 年 8 月）3 頁）。なお、OHCHR は、国連指導原則の解釈と適用をサポートするために権威ある解釈文書を定期的に発行している（同 1 頁）。

14) OHCHR・前掲注 13) 16 頁は、（取引先に対する）影響力を増大しまたは行使するより広い機会を得る手段の例として、（取引停止等の）最終決定前に（取引先による）改善のために一時的な取引停止または保留を実施することを挙げる。

図表 6-13：取引停止の場面の例

A 社 ← 原材料販売 ― B 社

原材料 XX

強制労働で XX を採掘

間の関連は解消する。したがって、A 社にとっては、取引を停止することで、（取引停止後の）強制労働という負の影響は、人権尊重の取組が求められる対象となる「負の影響」ではなくなる（自社と関係のないところで人権への負の影響が発生していることになる）[15]。

　他方で、A 社から取引を停止された B 社としては、そうした人権侵害に無関心な（そしてしばしば取引条件が悪い）取引先にその原材料を販売せざるを得なくなることも考えられる。前記のとおり取引停止後の強制労働について A 社が人権尊重責任を負わなくなることから、その強制労働に対する A 社による監視や改善要請は行われなくなる。そのため、B 社による強制労働は継続するばかりか、より悪化することも考えられる。

　こうした事情を踏まえ、実際のまたは潜在的な人権への負の影響が生じている場合であっても、直ちに取引を停止するのではなく、A 社は、まずは B 社に対して、影響力の行使等を通じて、負の影響の防止・軽減に努めていくべきであり、**取引停止は、最後の手段として検討され、適切と考えられる場合に限って実施されるべきと考えられている**（人権尊重ガイドライン 4.1.2.3 項）。

　もっとも、人権尊重ガイドラインは、企業に対して何らかの場面において取引停止の実施を求めるわけではなく、取引停止の要否は、様々な事情を踏まえ

15）ただし、取引停止をした場合であっても、たとえば、既に強制労働により採掘されていた原材料を購入し自社の製品に使用している場合には、その「強制労働」という負の影響について、企業は取引停止後も社会的責任を負うと考えられる（したがって、本文では、取引停止後にその原材料について生じる「強制労働」について、その企業が社会的責任を負わないことを示すにとどまる）。この点について、OHCHR・前掲注 13）は、「企業が負の影響を助長した場合、取引関係を終了しまたは困難な状況下から撤退することは、一般的に、その企業が負う、正当なプロセスを通じてそうした負の影響について救済を提供しまたは救済の提供に協力する責任を免除しない」としている。

た企業の判断に委ねている[16]。このことは、国連指導原則 19 解説[17] も同様である。取引停止を検討する際の流れは**図表 6-14** のとおりである。

図表 6-14：取引停止検討の流れ

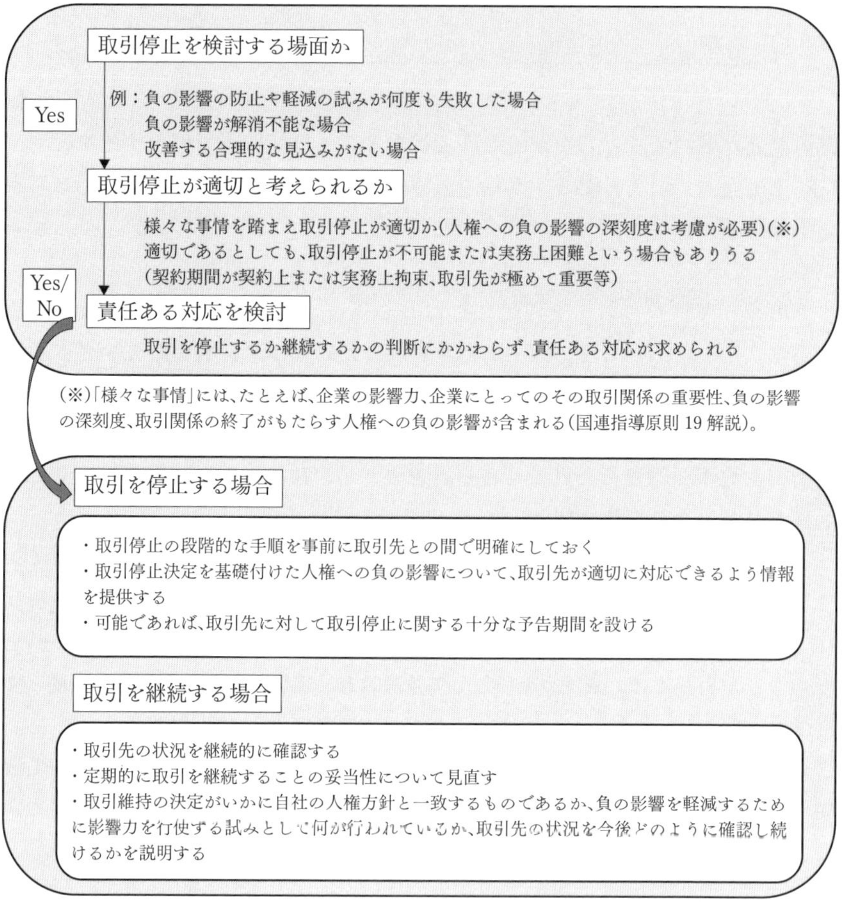

取引停止を検討する場面か

Yes

例：負の影響の防止や軽減の試みが何度も失敗した場合
負の影響が解消不能な場合
改善する合理的な見込みがない場合

取引停止が適切と考えられるか

様々な事情を踏まえ取引停止が適切か（人権への負の影響の深刻度は考慮が必要）（※）
適切であるとしても、取引停止が不可能または実務上困難という場合もありうる
（契約期間が契約上または実務上拘束、取引先が極めて重要等）

Yes/No

責任ある対応を検討

取引を停止するか継続するかの判断にかかわらず、責任ある対応が求められる

（※）「様々な事情」には、たとえば、企業の影響力、企業にとってのその取引関係の重要性、負の影響の深刻度、取引関係の終了がもたらす人権への負の影響が含まれる（国連指導原則 19 解説）。

取引を停止する場合

・取引停止の段階的な手順を事前に取引先との間で明確にしておく
・取引停止決定を基礎付けた人権への負の影響について、取引先が適切に対応できるよう情報を提供する
・可能であれば、取引先に対して取引停止に関する十分な予告期間を設ける

取引を継続する場合

・取引先の状況を継続的に確認する
・定期的に取引を継続することの妥当性について見直す
・取引維持の決定がいかに自社の人権方針と一致するものであるか、負の影響を軽減するために影響力を行使する試みとして何が行われているか、取引先の状況を今後どのように確認し続けるかを説明する

（出典）人権尊重ガイドライン 4.2.1.3 項より作成

16）取引を停止する場合であっても、継続する場合であっても、人権への負の影響の深刻度については考慮されなければならない（人権尊重ガイドライン 4.2.1.3 項・国連指導原則 19 解説）。

（3）　国家等の関与の下で人権侵害が行われている場面における取引停止

　人権尊重ガイドライン 4.2.1.3 項は、国家等の関与の下で人権侵害が行われ
ている場合について、大きく 2 つのケースを想定している（**図表 6-15**）。

図表 6-15：国家等の関与の下で人権への負の影響が生じている場合の対応

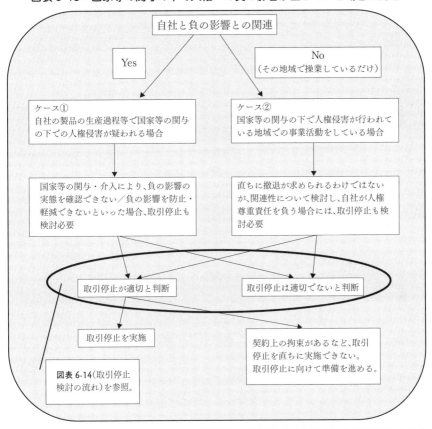

（出典）人権尊重ガイドライン 4.2.1.3 項より作成

17）同解説は、「企業が負の影響を防止または軽減する影響力を欠き、影響力を強めること
　もできない状況がある。そこでは、企業は、取引関係を終了することによって人権への負
　の影響が出る可能性について信頼できる評価を考慮した上で、その取引関係を終了するこ
　とを考えるべきである」とし、「取引関係を終了するべき」ではなく、「取引関係を終了す
　ることを考えるべき」としている。

【ケース①について】

　ケース①は、自社のサプライチェーン上の企業やその他のビジネス上の関係先において人権侵害が行われている場合を念頭に置く。たとえば、自社の製品を製造する原材料の採取過程において、国家等の関与の下で強制労働や児童労働が行われているという場合が考えられる。こうした場合、その企業にとっては、少なくともその負の影響（強制労働や児童労働）と自社の製品が「直接関連」しており、したがって、その負の影響を防止・軽減するよう努める責任を負う。

　しかし、国家等が関与して人権侵害が行われている場合においては、国家等の関与や介入によって（すなわち、企業の責めに帰すべき事由によるものではなく）、そもそも負の影響の実態が確認できなかったり、負の影響の防止・軽減のために影響力を行使することができなかったりすることも想定される。

　企業の人権尊重責任は、企業に不可能を求めるものではなく、国家等の関与や介入により実態の確認や負の影響の防止・軽減が行えないとしても、企業がそのことの責任を問われるべきではない。とはいえ、自社の製品等と「直接関連する」負の影響が存在している以上は、漫然と現状を放置してよいとはいえない。

　そこで、そのような、企業が人権尊重責任を果たす観点から実施可能な方策が考えがたい場面においては、最終手段として取引停止も検討する必要がある（人権尊重ガイドライン 4.2.1.3 項）。ただし、これはあくまでも取引停止を選択肢の一つとして「検討する」ことを求めるものであり、「国家等の関与や介入により実態確認等ができない場合には取引停止が必須である」と指摘するものではない。

　また、企業が取引停止すべきと判断しても、それが不可能または実務上困難と考えられる場合もある（人権尊重ガイドライン 4.2.1.3 項）。この場合の具体例は、**図表 6-16** のとおりである。

【ケース②について】

　ケース②は、ケース①と異なり、自社のサプライチェーン上等において人権侵害が行われている場合、言い換えれば、自社とその人権侵害が少なくとも「直接関連する」関係にある（自社が対応する社会的責任を負う）場合であるこ

図表 6-16：取引停止が不可能または実務上困難な場合の例

①	ビジネス上の関係の期間が、契約または実務上の約因によって拘束されている場合（例えば、分散投資先のプールにおける投資のひとつであり、資産運用会社のクライアントが投資撤退に同意しない場合、期限の定められた契約が存在する場合）。
②	そのサプライヤーが極めて重要なビジネス上の関係先である場合（※）（例えば、主力商品にとって極めて重要なレアメタルが、高リスクな状況の中で操業するごく一部のサプライヤーからしか入手できない場合）。 （※）あるビジネス上の関係先が企業の事業にとって不可欠な製品またはサービスを提供し、それらについて代替できる合理的な調達先が存在しない場合、そのビジネス上の関係先は極めて重要であるとみなされる。

（出典）OECD ガイダンス Q39

とを前提にしていない。したがって、ケース②では、「国家等の関与の下で人権侵害が行われている地域での事業活動」を行ってはいるが、その人権侵害について自社が社会的責任を負うか不明である。

　こうした状況の下であっても、企業は、その地域での事業による収益の一部が、納税等を通じて国家等による人権侵害の資金源となる懸念が生じ得ることは否定できない。しかし、一般的には、その企業が、その国家等による人権侵害について対応する責任を負う（その人権侵害と、「引き起こす」・「助長する」・「直接関連する」のいずれかの関係にある）と考えることは困難であると思われる。

　そうすると、納税等を通じて人権侵害の資金源となる懸念があることゆえに直ちに撤退をしなければならないと考えることは、（そもそも国連指導原則に基づく人権尊重責任を負わない以上）適切ではない。そのため、その地域で事業活動をしている事実のみをもって、直ちに撤退が求められるわけではない（人権尊重ガイドライン4.2.1.3項）。

　他方で、ケース②のような場面においても、国家等による人権侵害を助長していると評価される可能性も否定はできない。たとえば、特に小規模な国家において、その企業によるビジネスを通じたその国家への納税がその国家予算の大部分を占めており、その企業によるビジネスなくしてその国家が人権侵害を行うことは難しい、というケースもあるかもしれない。また、このような半ば極端な例ではなくても、たとえば、自社が国営企業と合弁企業を設立して事業

を行っており、その事業から生じる国営企業への配当等が、個別具体的な事情によっては、国家等による人権侵害を助長していると評価される可能性も考えられる。

　こうしたことを踏まえ、単に「国家等の関与の下で人権侵害が行われている地域での事業活動をしている場合」と思われる場合であっても、自社がその人権侵害について人権尊重責任を負うケースではないかどうかという意味での関連性について慎重に検討する必要がある。そして、検討の結果として、自社の事業等と「直接関連する」と考えられる場合においては、たとえば、事業停止や終了という判断に至ることも十分考えられる。

【ケース①・②共通】

　企業の人権尊重責任は、企業に対して、法令違反や契約違反を引き起こす取組を求めるものではない。したがって、企業として取引停止が必要と判断したものの、取引停止による違約金等が生じる場合、契約の解除のための手順を踏むことも考えられる（人権尊重ガイドライン4.2.1.3項）。

　より具体的には、たとえば、契約期間の途中で解除すると損害賠償義務が発生するため、期間満了まで契約関係を続け、契約期間の満了をもってその相手方との契約関係を終了することが考えられる。

実際の取組例（三菱マテリアル）

　三菱マテリアルは、責任ある鉱物調達方針を策定している。同方針の下では、①直ちに取引停止をする場合、②一時的に取引を停止する場合、③改善計画に基づき取引を継続する場合の3類型に分けて整理されている。

　取引停止はその性質上最後の手段と位置付けられるが、負の影響の防止・軽減を要請しながら取引を継続することが想定できない状況も現実にはあり得（たとえば、軽減の要請に効果がないことが当初より明らかである場合が考えられる）、即座の取引停止が一切否定されるものではないと思われる。

> 金、銀を含む原料及び錫を含む原料の全ての購入先についてDDを実施し、リスク評価を行います。リスク評価の結果、高リスクと判断した場合は原料購入の取引の停止／詳細調査（エンハンスドデューディリジェンス（以下「EDD」））

等を含む対応を致します。

なお、LBMA[10] の Gold Guidance 要求事項に従い、高リスクのサプライチェーンとして、EDD を実施した結果の対応は以下のように行います。

① マネーロンダリング、テロ資金供与、深刻な人権侵害、違法な非政府武装集団への直接的または間接的支援、鉱物原産地の詐称の事実があると判断した場合、直ちに取引を停止します。

② マネーロンダリング、テロ資金供与、深刻な人権侵害、違法な非政府武装集団への直接的または間接的支援、鉱物原産地の詐称の疑いがあると判断した場合、ESG に関する壊滅的な影響がある報告があった場合、一時取引を停止します。

③ 贈収賄、鉱物原産地の不正ではない虚偽表示、政府による税金、手数料及びロイヤルティの不遵守、環境、健康、安全、労働及び地域社会に関連する現地法の重大な違反、及び／又は、非常に有害な影響をもたらす可能性が高い ESG リスクの事実があるが、取引先が合理的かつ誠実な努力をしていると結論付けた場合、改善計画に基づく取引継続と致します。

（出典）三菱マテリアル金属事業カンパニー　責任ある鉱物調達方針

④ 紛争等の影響を受ける地域からの「責任ある撤退」

(1) 「責任ある撤退」が求められる背景

紛争等の影響を受ける地域[19]において、事業活動の停止や終了を判断する場合、強化された人権 DD を実施し、通常の場合以上に、慎重な責任ある判断が必要である（人権尊重ガイドライン 4.2.2 項）。そして、撤退する場合であっても、ステークホルダーへの負の影響を可能な限り緩和した責任ある形で撤退することが求められる（人権尊重ガイドライン 4.2.2 項）。

このような「責任ある撤退」が求められる理由は、端的には、企業の撤退に

18）The London Bullion Market Association で、貴金属市場で流通する貴金属地金の品質等を管理する協会を指す。

19）「紛争等の影響を受ける地域」は、前記 Chapter 5 ⑤ (3) (p.113) のとおり、武力紛争が生じている地域や犯罪者集団による広範な暴力または深刻な危害が人々に及ぼされている地域等を意味する（人権尊重ガイドライン 4.1.2.4 項）。

より負の影響がより深刻になりやすいことにある。

　紛争等の影響を受ける地域においては、急激な情勢の悪化等により、企業が突如として撤退せざるを得なくなるケースがある。通常であれば、ある企業が撤退しても別の企業が事業者としてその地域に参入することが想定される。しかし、紛争等の影響を受ける地域においては、たとえば武力紛争の存在を懸念して、ある企業の撤退後に新規参入や買収等により撤退企業を代替する企業が登場しないことも十分に想定される。そうした場合、消費者が生活に必要な製品・サービスを入手できなかったり、撤退企業から解雇された労働者が新たな職を得ることが一層難しくなったりすることが考えられる[20]。

(2) 「責任ある撤退」に係る検討の流れ

　「責任ある撤退」に至る判断の流れは、**図表6-17**のとおりである。

図表6-17：「責任ある撤退」の検討の流れの例

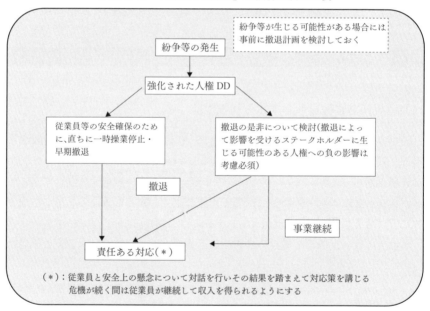

（出典）人権尊重ガイドライン4.2.2項より作成

(3)　国連指導原則との関係

国連指導原則は、負の影響への対応に対応する選択肢の一つとして取引停止（撤退）に言及しているものの、紛争等の影響を受ける地域からの撤退に直接言及していない。「責任ある撤退」（Responsible exit）は、国連ビジネスと人権作業部会のレポート（A/75/212）「ビジネス・人権と紛争影響地域：強化された対応に向けて」[21]において提唱されている。

同レポートは、国連指導原則が「企業は、常に特定の行動方針が影響を受けるステークホルダーに与えるリスクを自覚し、自身の決定においてはこれを考慮する必要がある」[22]という考え方に基づいていることから、（責任ある撤退に関して）「企業が従うべきロードマップは明らか」であると指摘する。すなわち、企業は、撤退という「特定の行動方針」がステークホルダーに与える負の影響を考慮して、撤退について決定する必要があること、ひいてはその負の影響の防止・軽減に向けた対応を実践していくこと（責任ある撤退）は、国連指導原則から導かれると理解される。

同レポートは、「責任ある撤退」としての負の影響の防止・軽減策の例として、**図表 6-18** の対応を挙げている。

20）「こうした状況に加え、紛争等の影響を受ける地域においては、職を失った労働者が生活を維持することが難しくなって武装勢力に加わったり、また、医療や社会インフラが損害を受けたりするなど、現地住民を取り巻く状況が脆弱になりやすい。こうした事態は、紛争等の影響を受ける地域において人権への負の影響をより深刻にする背景事情として重要である」（人権尊重ガイドライン脚注 81）。
21）"Business, human rights and conflict-affected regions: towards heightened action"
22）「人権尊重についての企業の責任－解釈の手引き－」問 83。

図表 6-18:「責任ある撤退」としての負の影響の防止・軽減策の例

①	検討中の撤退に関する合理的な通知を、コミュニティ、サプライヤー、労働者およびその他の関係者に送付する。
②	一時的な事業停止や研修を実施する場合、危機が続く間は従業員が継続して収入を得られるようにする
③	雇用の喪失（による負の影響）を軽減するキャパシティビルディング（能力開発）を行う
④	避難できず現地に残るスタッフの安全を確保する

（出典）国連ビジネスと人権作業部会「ビジネス・人権と紛争影響地域：
強化された対応に向けて」（英文）より作成

実際の取組例（トタルエナジーズ）

　トタルエナジーズは、2021 年 2 月にミャンマーでクーデターが発生した後、最終的には同事業から撤退したが、前記 Chapter 5 ⑤（3）ウ（p.116）のとおり、同社は、全ての従業員について将来の雇用を確保し、また、地域社会のための歴史的な経済開発プログラムを継続するため専用ファンドへ拠出するといった対応を行っており、「責任ある撤退」の一例と考えられる。

　ただ、撤退の是非についても様々な議論があり得、何が正解かを断言することはできない。たとえば、トタルエナジーズによる権益の放棄による撤退は、（契約内容によるが）他の共同事業者の権益の増加につながり、ミャンマー国軍への資金の流入が増えるとの指摘もある。トタルエナジーズ同様に撤退を表明していたシェブロンは、権益を売却することとしている。

⑤　構造的問題への対処

　構造的問題とは、「企業による制御可能な範囲を超える社会問題等により広範に見られる問題でありながら、企業の事業又はサプライチェーン内部における負の影響のリスクを増大させているもの」をいう（人権尊重ガイドライン 4.2.3 項）。たとえば、高い貧困率ゆえに多くの児童が働かなければならない状況にあるという場合が挙げられる（**図表 6-19**）。

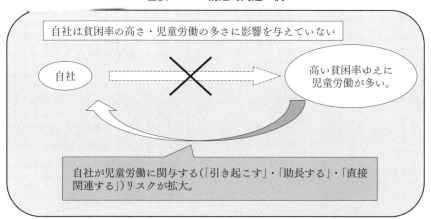

通常は、その地域で活動する企業等がそうした状況の創出に寄与したとは考えがたい。しかし、一方で、多くの児童が働かなければならない状況にある地方でビジネスを行っている以上、取引先において児童が雇用されている可能性は一般的な状況よりも高いといえる。そのため、そうした社会状況は、企業のサプライチェーン上で児童労働が介在するリスクを増大させると考えられる。

通常、企業はこうした社会レベルの構造的問題の発生に関与したわけではなく、その解決に責任を負うわけではない（人権尊重ガイドライン 4.2.3 項）。企業が人権尊重責任を負う負の影響は、企業が「引き起こす」または「助長する」ものか、企業の事業等と「直接関連する」ものに限られているからである。

もっとも、企業による問題への取組が、人権への負の影響を防止・軽減する上で有効な場合もあり、可能な限り、企業においても取組を進めることが期待される（同ガイドライン 4.2.3 項）。**図表 6-19** の例で考えれば、事業を通じてその地域と関わりを持つ企業は、たとえば児童やその家族に対する支援を通じて、児童を労働させない方向に導くことも可能であるからである。構造的問題に関連するリスクについて、OECD ガイダンスは、**図表 6-20** のように企業が可能な方法を提示する。

図表 6-20：構造的問題への対応方法の例

複数セクターにわたる協働	構造的リスクは多くの場合、一定の状況の中に置かれた多くのセクターに関係している。そのため、効果的な防止策および軽減策の拡大を目的として、複数のセクターにわたる協力および協働を行うことができる。これにより、問題をひとつのセクターから他のセクターに移動させずに対処できる。
政府への働き掛け	政府が保護義務を果たしていない状況において、法的および現実的な限界を認識しつつ、企業は影響力を行使し、（現地または中央）政府に対して、法令の執行強化またはRBCの促進等を通じて状況を変化させるよう働き掛けることができる。働き掛けの手段は多数あり、例えば、政府への公開書簡、マルチ・ステークホルダー活動を通じた働き掛け、対話への参加等がある。企業はまた、RBCを提唱するよう相手国政府に促すよう自国政府に働き掛けてもよい。
効果的な既存の活動の把握	セクター共通のリスクに対しては、企業は、政府、業界団体、マルチ・ステークホルダー活動またはセクター内の同業者が策定し推奨する防止および軽減策を利用できる。既存の活動およびそれらの目的を把握することは、構造的リスクを防止および軽減する既存の方法の活用について理解するのに役立つ。例えば、地域社会における既存の苦情処理の仕組みを利用してもよいだろう。

（出典）OECDガイダンスコラム6

 実際の取組例（日立製作所）

　南アフリカ共和国では、かつてアパルトヘイト政策によって、黒人が同国の経済に等しく参加する権利と機会が剥奪されていたと指摘されている。アパルトヘイトとは、南アフリカが1948年から1990年代初めまで実施した、法によって定められた人種隔離と差別の制度である[23]。アパルトヘイト政策によってかつて推し進められていた特定の人種に対する差別・貧困問題は、企業のみの努力によって解決できる問題ではなく、また、事業における負の影響のリスクを増幅させるものであり、「構造的問題」の一つであると考えられる。アパ

---

23) アパルトヘイト政策には様々なものがあるが、たとえば、人口70％を占める黒人を国土の9％（原住民指定地）に居住させる法律や、人種の異なる男女の結婚を禁止する法律、白人の居住区域で黒人に身分証の携帯を義務付ける法律がある（外務省ウェブサイト「わかる！国際情勢　Vol.49 躍進する南アフリカ〜途上国のリーダーとして」）。

ルトヘイト政策の「負の遺産」を克服するために発展した政策がB-BBEE
（Broad-Based Black Economic Empowerment）政策（黒人の経済力強化政策）と呼
ばれている[24]。

　こうした背景の下で、日立製作所は、B-BBEE に沿った活動を行い、構造的
問題への解決に向けた取組を行っている（**図表 6-21**）。

図表 6-21：構造的問題への実際の取組例（日立製作所）

- 日立は南アフリカ共和国で事業を展開しており、同国の経済発展と雇用の創出
  に向けた広範な黒人経済力強化（B-BBEE）[*1] 政策に沿った活動を展開してい
  ます。2022 年 11 月時点で、日立エナジーの現地法人は、B-BBEE 評価でレベ
  ル 1 を達成しています。
- 日立エナジー現地法人は、性別の観点を含む多様な労働力を確保することをめ
  ざし、雇用均等法（EEA）[*2] に基づいた目標設定および行動計画の策定を実施
  しています。本行動計画は、3～5 年に一度見直しており、進捗を毎年報告し
  ています。
- また、日立エナジー現地法人の人財育成戦略は、B-BBEE に関連するスキル開
  発目標に沿っており、多様性と公平性に基づき、社内の人財のパフォーマンス
  と昇進の可能性を高めるための従業員への投資も行っています。さらに、障が
  い者を含む、「歴史的に不利益を被ってきた南アフリカ共和国国民（HDSA）」
  のバックグラウンドを持つ卒業生や研修生を毎年採用しています。現在、日立
  エナジー現地法人の管理職の 34% は、HDSA のバックグラウンドを持つ従業
  員で構成されています。
  - *1　B-BBEE：Board-Based Black Economic Empowerment の略。企業や諸
    団体の B-BBEE への取り組みや貢献度についてスコア化し、最高のレ
    ベル 1 からレベル 8 および不遵守に格付け
  - *2　雇用均等法（EEA）：すべての労働者の平等な機会および公平性の担保
    を目的とした法令

（出典）「日立サステナビリティレポート 2023」107 頁

24）在南アフリカ共和国日本大使館「南アにおけるＢＥＥ政策－法的枠組みの全体像－」。

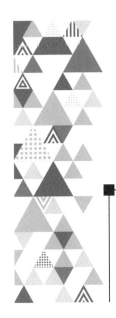

Chapter 7
人権 DD ステップ③
（取組の実効性の評価）

人権 DD は、継続的に繰り返して実施する取組であることから、実施後には反省点を検証し、取組の内容・方法ともに改善していくことになる。PDCA（Plan Do Check Act）サイクルの C に相当する。評価にあたっては、質的・量的指標を踏まえるとともに、ステークホルダーからのフィードバックを活用することが重要である。

　前記 Chapter 2（p.13）のとおり、人権 DD は、「人権への負の影響を特定し、防止・軽減し、取組の実効性を評価し、どのように対処したかについて説明・情報開示していくために実施する一連の行為」であり、PDCA（Plan Do Check Act）を回していく継続的なプロセスである。

　そのため、自社が人権への負の影響の特定・評価や防止・軽減等に効果的に対応してきたかどうかを評価し、その結果に基づいて継続的な改善を進める必要がある（人権尊重ガイドライン 4.3 項・国連指導原則 20[1]）。

　取組の実効性の評価は、具体的には、①評価の対象とする取組を選択し、②調査を行い、③収集した情報を踏まえて評価するという 3 つのプロセスに分かれると考えられる（図表 7-1）。

---

1) 国連指導原則 20 では、"business enterprises should track the effectiveness of their response" と記載されており、「追跡評価」という語が一般に使用されているが、人権尊重ガイドラインは、わかりやすさを重視して「取組の実効性の評価」とされている。

図表 7-1：実効性の評価のステップ

| 対象情報の決定 | 収集方法の選択・実行 | 評価 |

① 対象情報の決定

　第一に、実効性を評価すべき取組を選択し、評価するための基礎となる収集対象となる情報を決定する必要がある。もちろん、自社の実施した施策全てに関する情報を満遍なく収集し、実効性を評価していくことができれば一番である。しかし、実際には、評価に関連し得る情報は多数に上ると考えられるため、全ての取組を評価の対象とすることは難しく、優先順位を付けて進めていく必要がある。

　この対象情報の優先順位付けの際には、前記 Chapter 5 ④（p.105）で説明した優先順位を活用できる。すなわち、負の影響の深刻度をベースに既に取組に優先順位を付けていることから、その優先順位の高い取組については、たとえば現地訪問等を通じて重点的に情報を収集していく。また、同一の負の影響に対する取組に対しても、様々な取組があり得るところ、より防止・軽減のために重要と考えられる取組を優先して考えるべきである。

　これらについて、以下のとおり具体的に検討している（**図表 7-2**）。

　この企業では、①児童労働リスクと②（軽微な）ハラスメントリスクについて対策を実施しているところ、両者を比べると、前者（**図表 /-2 の上方**）が一般的にはより深刻度の高いリスクと考えられる[2]。そして、より個別具体的な取組の方が、防止・軽減にとって重要であると考えれば、**図表 7-2** の右列の取組ほど、その効果（例：実際にサプライヤーの年齢確認手続が指導どおりに実施されているかどうか）を確認する必要性が高いと考えることができる。

2）ただし、個別具体的な状況によっては、逆の評価をすることももちろん否定されない。

図表 7-2：対象情報の検討の例

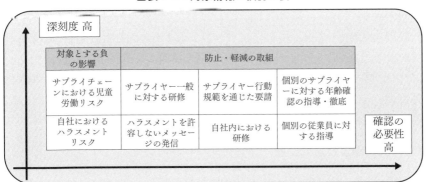

深刻度 高			
対象とする負の影響	防止・軽減の取組		
サプライチェーンにおける児童労働リスク	サプライヤー一般に対する研修	サプライヤー行動規範を通じた要請	個別のサプライヤーに対する年齢確認の指導・徹底
自社におけるハラスメントリスク	ハラスメントを許容しないメッセージの発信	自社内における研修	個別の従業員に対する指導

確認の必要性 高

② 収集方法の選択・実行

　そして、情報収集のための具体的な方法は、「企業の事業環境や規模、対象となる負の影響の類型や深刻度等を考慮して選択される」（人権尊重ガイドライン 4.1.2.3 項）。多くの場合、全ての取組について、同等に精度の高い（企業にとって負荷の大きい）評価を行う（そのために多くの正確な情報を収集する）ことは実務上困難であると思われる。

　そのため、優先順位の高い負の影響に係る取組について、より精密な評価を行い（そのためにより正確な情報をより多く収集し）、他方で、そうではない取組について、より簡易な方法で評価を実施する（情報収集を行う）ことが考えられる。

　このように、負の影響の特定・評価において述べた調査方法における優先順位付けの発想（前記 Chapter 5 ②（2）（p.97））は、取組の実効性の評価における情報収集にあたっても同様に妥当すると考えられる。

③ 評価

　人権 DD は、本 Chapter 冒頭のとおり継続的な PDCA のプロセスであるところ、自社の取組を振り返って評価し、改善を継続していくことが重要である。したがって、前記②で収集した情報をもとに、企業は、自社が人権への負の影

響の特定・評価や防止・軽減等に効果的に対応してきたかどうかを評価する（人権尊重ガイドライン4.3項）。

　取組の実効性の評価にあたっては、以下の2つの大きな方向性がある。具体的には、①質的・量的の両側面から適切な指標に基づき行われるべきこと、②負の影響を受けたまたはその可能性のあるステークホルダーを含む、企業内外のステークホルダーから情報を収集することである（人権尊重ガイドライン4.3.1項・国連指導原則20）。

（1）　質的および量的指標

　一般に、何らかの取組の進捗状況や実績を定量化して数値で示すことで、情報の受け手にとって情報の解像度が高まる。人権尊重の取組についても同様でありながら、他方で、「適切に数値化して評価することが困難な場合も多く想定される」（人権尊重ガイドライン4.3.1項）。言い換えれば、数値だけをもって取組の実効性を判断することが容易ではないことが相対的に多い。

　たとえば、昨年は苦情処理メカニズムにおいて、セクハラに関する通報件数が100件あったが今年は50件であったという場合、数字だけ見ればセクハラに対する防止・軽減施策が功を奏したと評価できる。

　しかし、たとえば、調査対象の企業が苦情処理メカニズムを利用しないよう従業員に要請していたとしたら、セクハラは昨年同様に発生していたものの苦情処理メカニズムで報告されなくなったことで通報件数が減少したという可能性もある。そのため、「通報件数が50件減少した」という数値（量的指標）を正しく理解するためには、たとえば、同メカニズムの対象従業員と（自由に発言できる場で）対話するといった方法で、質的な視点を補足することが大切と考えられる。

　人権尊重の取組の評価を行う際の指標の例を**図表7-3**に挙げている。

　例の①および④は、それぞれの指標自体の中に、「……と感じているステークホルダー（者）」という形で、質的な要素が指標自体に組み込まれていると考えられる。

　他方で、例の②および③は、指標自体にはそうした質的な視点は組み込まれていないように思われる。もちろん、その指標を評価する段階において、質的な要素のない量的な指標を評価方法の一つとして使用することを否定するもの

図表 7-3：指標の例

①	負の影響を受けたステークホルダーのうち負の影響が適切に対処されたと感じているステークホルダーの比率
②	特定された負の影響が再発した比率
③	合意されたアクション事項のうち、予定されたタイムラインに従って実施された比率・数
④	影響を受けたステークホルダーのうち、苦情を提起するルートが利用しやすく、公平かつ有効であったと感じている者の比率

（出典）人権尊重ガイドライン 4.3.1 項および OECD ガイダンス Q41

ではない。しかし、そうした指標を利用する際には、その指標の評価にあたって質的な要素を加味できるように努めるとともに、それが難しい場合には質的な視点が含まれないことによる評価の限界について認識をしておくことが重要と考えられる[3]。

(2) フィードバックの活用

　一般論としても、自社の取組を評価するにあたっては第三者の意見を踏まえることが重要であるが、人権尊重の取組においてはその重要性が増す。

　人権 DD は、人権尊重のための一つの手段であり、他者の人権を侵害しないために実施するものである。そのため、実際に人権への負の影響を受け、または潜在的に受ける可能性のある人々の声を聞き、取組の実効性を評価していくことが大切である。これは、もちろん、そうした人々が不満を感じているのであれば常に人権侵害（リスク）が存在すると考えるべきである、という趣旨ではない。

　しかし、そうした人権への負の影響（特に潜在的な負の影響）は、ライツホルダーをはじめとするステークホルダーとの対話を通じて、初めて認識することができ、また、正確に理解できるといっても過言ではない。たとえば、前記 Chapter 3 ③ (p.56) でも同様の例に言及したが、自社の工場において安全な

---

3) 前記例でいえば、苦情処理メカニズムの通報件数は減少したものの、人権への負の影響は減少していない可能性も認識することを意味する。

作業環境が確保されているかを確認する場面を想像してほしい。現地の工場を訪れるのは工場で勤務していない第三者であり、その工場の環境について熟知していない。製造している製品や労働安全について知識や経験を持つ人であったしても、実際にその現場で働いていないため、どのような状態に事故のリスクが潜んでいて、そのリスクに対する企業の予防策は有効であったのか（日常の業務において事故のリスクが減少したか）、正確に理解することは容易ではない。そこで、そうしたリスクの下で働いている（可能性のある）従業員と対話することで、状況を正確に理解することができるのである。

このように、ライツホルダーをはじめとするステークホルダーからのフィードバックを活用することで、より適切な取組に改善していくことができる。

実際の取組例（ファーストリテイリング）

ファーストリテイリングは、定期アセスメントを実施し、自社が定めるゼロトレランス項目[4]や重大項目の有無等について定期アセスメントを通じて評価している。これは、コードオブコンダクト（行動規範）の遵守要請（サプライヤーにおける負の影響の防止・軽減の働きかけ）という取組の実効性を評価しているものとも考えられる。そして、ゼロトレランス項目・重大項目は、取組の実効性を評価する際の指標としても機能していると考えられる。

> ファーストリテイリングは、2004 年に「生産パートナー向けのコードオブコンダクト」を策定し、労働環境モニタリングを通じて、すべての縫製工場および主要素材工場の遵守状況を確認しています。労働環境モニタリングの手法として、第三者機関による抜き打ち監査や、アパレル・フットウェア業界共通のフレームワークによるアセスメントを導入しています。いずれの方法でも、ファーストリテイリングの基準に照らして工場の労働環境を評価し、リスクの深刻度に応じた改善活動を行っています。

---

4)「ゼロトレランス」は、zero-tolerance のカタカナ表記であり、一般に、対象とする一定の事象に対して寛容さ（tolerance）を持たない（zero）姿勢を意味する。ファーストリテイリングは、「ゼロトレランス項目が検出された場合、もしくは、重大項目が 2 回連続して定例アセスメントで検出された場合は、取引見直しの可否を判断するため、企業取引倫理委員会に上程されます」としている。

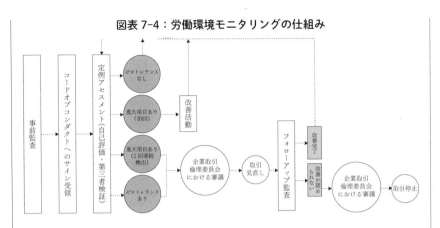

図表 7-4：労働環境モニタリングの仕組み

図表 7-5：主なゼロトレランス項目と主な重大項目

主なゼロトレランス項目	児童労働、強制労働、抑圧とハラスメント、差別、建物の安全性欠如、組合結成の妨害、ストライキの不当な解散、苦情を申し立てた従業員に対する報復行為、賃金の不払い、最低賃金未達、火災などの緊急事態への対策不備、虚偽報告などの透明性に関する問題、賄賂、工場の監査対象範囲の申告漏れ、未承認の委託先や家内労働者への外注
主な重大項目	残業代の支払い不足、法定休暇を付与していない、休業中の賃金不払い、社会保険料の未納付、長時間労働、法令に従った休憩を与えていない、雇用契約の未締結や内容不備

（出典）ファーストリテイリング ウェブサイト

社内プロセスへの組み込み

　企業は、本 Chapter で述べてきたような取組の実効性の評価手続を関連する社内プロセスに組み込むことが求められる（人権尊重ガイドライン 4.3.2 項・国連指導原則 20 解説）。これにより、人権尊重の取組を企業に定着させることにもつなげることができるからである。

　具体的には、「内部監査部門による定期的な内部監査の際には、人権への負の影響（例：職場における人種や性別・ジェンダーを理由とする不当な差別）を改善するために自社が行ってきた取組の効果についても、監査対象項目として

盛り込む。」（人権尊重ガイドライン 4.3.2 項）のように、「定期的な内部監査」という既存の枠組みに、人権の視点を組み込むことが考えられる。もちろん、既存のプロセスに組み込むのではなく、新たに、実効性の評価に特化した社内プロセスを確立することでもよいと考えられる。重要なことは、社内プロセスとして企業の定期的な活動に組み込まれることによって、企業の事業活動の一環として実施することができるようになり、その結果として、企業により定着させることである。

　以上のような実効性の評価手続に着目した「組み込み」（国連指導原則 20）と異なるが混同しがちな概念として、影響評価の結果の「組み入れ」（国連指導原則 19）がある。これは、負の影響の評価をした結果を防止・軽減に活用することはもちろん、事業活動における様々な意思決定全般において考慮することを指す（人権尊重ガイドライン 4.1.2.1 項）。両者の関係性を**図表 7-6** に表している。

図表 7-6：影響評価の組み入れと実効性評価の組み込みの例

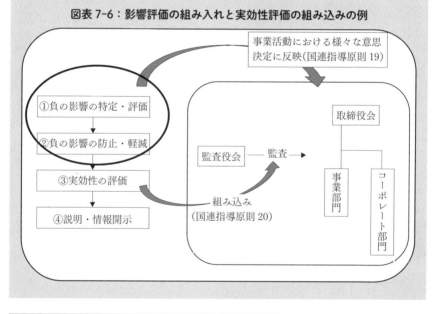

実際の取組例（三菱 UFJ フィナンシャル・グループ）

　三菱 UFJ フィナンシャル・グループは、①新規案件が禁止事業に該当する場合にはファイナンスを実行しない、②継続投融資先において児童労働等の事実が確認された場合には是正・再発防止を要請し対応されない場合には取引継

続について慎重に検討する、としている。これらは、人権DDの結果をビジネス上の意思決定に結びつけている一例と考えられる。

児童労働・強制労働・人身取引は、深刻度の高い人権課題と認識しており、MUFG環境・社会ポリシーフレームワークにて禁止事業に設定しています。ファイナンス検討時にデューデリジェンスを実施し、禁止事業への該当有無を確認の上、与信判断を実施しています。また、投融資先において、児童労働・強制労働・人身取引に係る課題がないか、定期的にスクリーニングを実施し、児童労働・強制労働・人身取引が確認された場合は、是正と再発防止を求めます。

図表7-7：デュー・ディリジェンスのプロセス

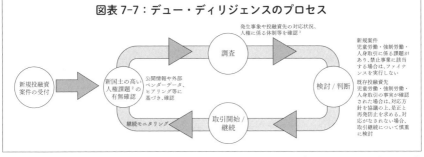

（出典）三菱UFJフィナンシャル・グループ 人権レポート（2023年）

Column

人権尊重の取組に関するベンチマーク

　Chapter 7の「取組の実効性の評価」は、自社が（場合によっては専門家のサポートを受けつつ）自ら実施する取組である。他方で、人権DDをはじめとする人権尊重の取組について、専門的な知見を持った外部の第三者が評価するものもある。

　たとえば、企業による人権尊重の取組を広く評価するCorporate Human Rights Benchmark（CHRB）や、グローバルサプライチェーンにおける強制労働リスクに対応する取組を評価するKnowTheChain Benchmark（KTC Benchmark）は、日本においても広く認知されている（**図表7-8**）。

　専門的な第三者機関による評価から、**自社の取組における長所・短所を理解するために参考となる情報を得られる**ため、自社の取組を行う上でこうした外部機関からの評価や指摘を参考にすることは有意義といえる。

　他方で、人権尊重の取組の目的は、まさに被害を受ける（可能性のある）人々に対する負の影響を防止・軽減すること、実際に生じてしまった場合には

救済を提供することにある（人権尊重ガイドライン1.2項）。それにもかかわらず、こうしたベンチマークによる評価を向上させることが目的化してしまうと、自社の取組が本来あるべき姿から乖離してしまう可能性もある。また、そもそも、様々に異なり得る人権尊重の取組を完全に公正に評価することは困難ともいえる。

　信頼のおけるベンチマークの対象となっている企業としては、ベンチマークの評価やコメントを参考にしながらも、人権尊重ガイドライン・国連指導原則を踏まえて着実に対応を進めていくことが重要と思われる。

図表 7-8：CHRB および KTC Benchmark の概要

	CHRB	KTC Benchmark
運営団体	World Benchmarking Alliance	ビジネスと人権リソースセンター、Humanity United、Sustainalytics および Verité の連携パートナーシップ
対象産業	食料・農作物、ICT、自動車（2022年）、アパレル・資源採取（2023年）	ICT、食品・飲料、アパレル・履き物（2022 ～ 2023年）
評価対象企業	110 社（2023 年）	185 社（2022 ～ 2023 年）
ベンチマークの概要	以下の 5 つの大項目について以下の配点割合で評価（2022 ～ 2023年）。 ① ガバナンスとポリシー・コミットメント（10%） ② 人権尊重と人権デュー・ディリジェンスの浸透（25%） ③ 救済と苦情処理メカニズム（20%） ④ 企業の人権に関する取組（25%） ⑤ 深刻な申立てへの対応（20 %）	以下の 7 つの大項目について以下の配点割合で評価（2022 ～ 2023年）。 ① コミットメントとガバナンス（16.36%） ② トレーサビリティおよびリスクアセスメント（24.54%） ③ 調達行動（8.18%） ④ 採用活動（16.36%） ⑤ 労働者の声（16.36%） ⑥ モニタリング（8.18%） ⑦ 救済措置（10%）

（出典）各団体公表資料より作成

Chapter 8
人権 DD ステップ④
（説明・情報開示）

人権 DD の一つのステップとして、自らの取組の内容を対外的に説明したり、情報開示したりすることが求められる。説明・情報開示を踏まえたフィードバックは、人権 DD の改善に貢献するものであり、積極的な説明・情報開示が期待されている。

1 説明・情報開示が求められる背景

　企業に説明・情報開示が求められるのは、端的には、人権尊重責任（を果たすための要素を構成する人権 DD）が、企業に対して負の影響にどのように対処したかを説明する責任をも課すものであるからである。

　同時に、企業にとっては、説明・情報開示を通して、より広範な社外のステークホルダーと取組状況を共有し、フィードバックを得て、取組を改善していくことが可能になる。

　加えて、人権尊重の取組は、**投資家を含む外部のステークホルダーからの評価の向上等を通じて企業価値の向上にもつながる**と考えられるが（前記 Chapter 1 2 (3)（p.11））、そのためには、評価向上等を基礎付ける説明・情報開示を行う必要があることは当然である。

どのような場面において、どのような内容の説明・情報開示が求められるかについて、人権尊重ガイドライン・国連指導原則は、明確に示していない。

もっとも、企業は、自身が人権を尊重する責任を果たしていることを説明することができなければならない（人権尊重ガイドライン4.4項・国連指導原則21）。これは、企業は、説明・情報開示を行うかどうかにかかわらず、説明・情報開示を行う必要が生じた場合に備えて準備をしておくべきであることを示している。

どのような内容を説明・情報開示すべきかについては様々な考え方があるが（後記Column「サステナビリティに関連する開示スタンダードの流れ」（p.173）参照）、人権尊重ガイドライン4.4.1項を踏まえ、①人権DDに関する基本的な情報を一般に公開する場合と、②負の影響を受ける特定のステークホルダー（個人または集団）に対して説明する場合に分けて検討する。

(1) 基本的な情報を一般に公開する場合

企業は、人権DDの定義から、負の影響にどのように対処したかについて説明・情報開示していく必要がある。ここで、「どのように対処したか」とは、つまるところ、人権DDとして「どういうプロセスを踏んだか」であり、この点を開示していくことが重要である（人権尊重ガイドライン4.4項）。その「プロセス」を具体化すると、たとえば、**図表8-1**の開示項目が考えられる。

図表 8-1：開示項目の例

人権方針を企業全体に定着させるために講じた措置、特定した重大リスク領域、特定した（優先した）重大な負の影響またはリスク、優先順位付けの基準、リスクの防止・軽減のための対応に関する情報、実効性評価に関する情報

（出典）人権尊重ガイドライン 4.4.1.1 項

より具体的な開示項目の例として、人権報告と保証（アシュアランス）のフレームワーク・イニシアチブ［RAFI］[1]が作成した「国連指導原則　報告フレ

ームワーク　実施要領」がある（**図表 8-2**）。

　同フレームワークは、特に太字部分から示唆されるように、まさに、**どのようなプロセスで人権尊重の取組を進めてきたかの説明を求める**ものと考えられる。

図表 8-2：報告フレームワークの項目まとめ

大項目	中項目	小項目
パートA 人権尊重 のガバナ ンス	A1：方針の コミットメント	企業が、人権尊重へのコミットメントとして公式に述べていること（パブリック・コミットメント）は何か？
		A1.1：パブリック・コミットメントは**どのように策定**されたか？
		A1.2：パブリック・コミットメントがとりあげているのは誰の人権か？
		A1.3：パブリック・コミットメントを**どのように周知**させているか？
	A2：人権尊 重の組み込み	企業は、人権尊重のコミットメントの実施を重視していることを、**どのように説明**しているか？
		A2.1：人権パフォーマンスの日常における責任は、社内で**どのように構成**されているか、またその理由は何か？
		A2.2：上級経営管理者および取締役会では、**どのような種類の人権課題がどのような理由**で議論されているか？
		A2.3：意思決定や行動に際してはさまざまな方法で人権尊重を意識すべきであることを、従業員および契約労働者に対して**どのように周知**させているか？
		A2.4：企業は取引関係において、人権尊重を重視していることを**どのように明確化**しているか？
		A2.5：報告対象期間中、人権尊重を実現することに関して企業が得た教訓は何か、またその結果として何が変わったか？
パートB	B1：顕著な 課題の提示	報告対象期間の企業の活動および取引関係に関連した、顕著な人権課題を提示する。

1）RAFI は、米国の NPO である Shift および会計事務所の Mazars が共同で組織するイニシアチブであり、Shift の会長には、国連指導原則を起草したジョン・ラギー氏が就いていた。

大項目	中項目	小項目
報告の焦点の明確化	B2： 顕 著 な 課題の確定	顕著な人権課題がどのように確定されたかを、ステークホルダーからの意見も含めて説明する。
	B3： 重 点 地 域の選択	顕著な人権課題に関する報告が特定の地域に重点をおく場合、どのようにその選択を行ったかを説明する。
	B4： 追 加 的 な深刻な影響	報告対象期間に発生し、または引き続き取り組まれている人権への深刻な影響のうち、顕著な人権課題以外のものを特定し、その取り組みの方法について説明する。
パートC 顕著な人権課題の管理	C1： 具 体 的 方針	企業は顕著な人権課題に取り組む具体的な方針を有しているか、またそれはどのような方針か？
		C1.1：企業はその方針の関連性と重大性を、当該方針の実施が求められる者に対してどのように伝えているか？
	C2： ス テ ー クホルダー・エンゲージメント	顕著な人権課題のそれぞれに関し、企業はステークホルダー・エンゲージメントをどのように実施しているか？
		C2.1：企業は顕著な人権課題のそれぞれについて、どのステークホルダーと関与すべきか、またいつ、どのように関与するかをどのように決定しているか？
		C2.2：報告対象期間中、企業は顕著な人権課題のそれぞれについて、どのステークホルダーと関与したか、またその理由は何か？
		C2.3：報告対象期間中、ステークホルダーの視点は、顕著な人権課題それぞれに対する企業の理解や取り組み方にどのような影響を与えたか？
	C3： 影 響 の 評価	顕著な人権課題の性質が時間の経過とともに変化する場合、企業はそれをどのように特定するか？
		C3.1：報告対象期間中、顕著な人権課題に関わる影響に、目立った傾向またはパターンがあったか、またそれは何だったか？
	C4： 評 価 結 果の統合および対処	企業は顕著な人権課題それぞれについての評価結果を、自社の意思決定過程および行動にどのように統合しているか？

大項目	中項目	小項目
		C4.1：顕著な人権課題の管理に影響を与える意思決定と行動を行う社内部門は、解決策を見出し実施することに**どのように関与**しているか？ C4.2：顕著な人権課題に関連する影響の防止または軽減と、他の事業目的との間に緊張関係が生じた場合、その緊張関係は**どのように対処**されるか？ C4.3：報告対象期間中、顕著な人権課題それぞれに関連する潜在的影響を防止または軽減するため、企業は**どのような措置**をとったか？
	C5：パフォーマンスの追跡	企業は、顕著な人権課題それぞれへの取り組みが実際に効果をあげているかどうかを**どのように確認**しているか？
		C5.1：顕著な人権課題のそれぞれが効果的に管理されているかどうかを示すのは、報告対象期間のどの具体的事例か？
	C6：是正	企業の行動や意思決定が、顕著な人権課題に関連して人々の人権を侵害している場合、企業は効果的な救済を**どのように実行可能なものにしている**か？
		C6.1：企業は**どのような手段**を通じて、顕著な人権課題それぞれに関わる苦情や懸念を受理できるか？ C6.2：人々が苦情や懸念を申し立てることができると感じているかどうかを、企業は**どのように確認**しているか？ C6.3：企業は**どのように苦情を処理し、成果の有効性を評価**しているか？ C6.4：報告対象期間中、顕著な人権課題に関する苦情や懸念、および成果には、どのような傾向とパターンがあったか、また企業はどのような教訓を得たか？ C6.5：報告対象期間中、企業は顕著な人権課題に関わる実際の影響の救済を提供または可能にしたか、またその場合の典型的もしくは重大な事例は何か？

（出典）「国連指導原則　報告フレームワーク　実施要領」（日本語版）より
作成（太字は筆者）

(2)　負の影響を受ける特定のステークホルダーに説明する場合

人権への重大な負の影響を引き起こすリスクがある場合[2]は、その負の影響への対処方法について、説明すべきである（人権尊重ガイドライン 4.4.1.2 項・国連指導原則 21）。一般に開示することでもよいが、この趣旨からして、負の影響を受けるステークホルダー（ライツホルダー）に情報が届けられるべきであろう。

影響を受けるステークホルダーまたはその代理人から（その負の影響等について）懸念が表明される場合には、特に必要性が高い（人権尊重ガイドライン 4.4 項・国連指導原則 21）。これは、企業に対してそうした懸念の提起や情報提供の要請があるまで説明・情報開示を行わなくてよいという趣旨ではなく、特に生じ得る負の影響が深刻であると考えられる場合には[3]、積極的にステークホルダーと対話をすることが求められることを意味する。

ステークホルダーとの対話の例として、発電所や大規模施設建設時の住民説明会の開催が考えられる。こうした説明会の中には、法律によって開催が義務付けられるものもある[4]。特定の場面における法的な説明義務の存在は、ステークホルダーとの対話を経る意義の大きさを示していると考えられる。

③　説明・情報開示の方法・頻度

(1)　方法

説明・情報開示は「想定する受け手が入手しやすい方法」により行われることが求められる（人権尊重ガイドライン 4.4.2 項・国連指導原則 21a）。その具体的な方法の例は、**図表 8-3** のとおりである。企業は、自社の状況や各方法の特

2）もちろん、特定のステークホルダーに説明すべき場合を「生じ得る負の影響が深刻であると考えられる場合」に限る趣旨ではなく、そうした場合には説明・情報開示の必要性が大きいことを示すものである。
3）「人権尊重についての企業の責任－解釈の手引き－」問 58。
4）たとえば、大規模小売店舗立地法 7 条は、大規模小売店舗の所在地の属する市町村において説明会を開催する義務を規定している。

図表 8-3：情報開示の方法の例

情報開示の方法	概要
ホームページ	● 多くの企業が自社のホームページを運営していると思われ、情報開示のための最も容易な手段であると考えられる。 ● 特に今まで情報開示を行っていない企業は、まずはホームページ上で情報を開示することが考えられる。
統合報告書	● 国際統合報告評議会（IIRC）が推奨する情報開示の枠組みである。 ● 財務資本の提供者に対し、組織がどのように長期にわたり価値を創造、保全または毀損するかを説明することを主たる目的とする、主に投資家向けの報告書といえる。 ● 日本で 2022 年に 872 社が統合報告書を発行したとされる[5]。
サステナビリティ報告書	● GRI スタンダードが提唱する報告書の枠組みである。 ● 組織が経済、環境、ならびに人権を含む人々に与える最も著しいインパクトに関する情報を報告できるようにすることを目的とするものであり、全てのステークホルダーを対象とする。
CSR 報告書	● Corporate Social Responsibility（企業の社会的責任）に関する情報をまとめた報告書を指し、企業がどのように社会的責任（CSR）を果たしているのかを報告する書面である。
人権報告書	● 人権報告書は、その名のとおり人権の視点に特化して、その取組を開示する報告書である。 ● 人権報告書を発行している日本企業の数は限定的である。

徴を踏まえ、開示方法を選択することになる。

(2) 頻度

　一般に公開する態様での説明・情報開示の頻度は、1 年に 1 回以上[6] が望ましい（人権尊重ガイドライン 4.4.2 項）。ただし、このことは、人権 DD の各プロセスを 1 年以内に実施完了した上で、その内容の説明・情報開示を求める趣旨ではない。

　すなわち、人権 DD は、①負の影響の特定・評価、②負の影響の防止・軽減、

---

5) 株式会社宝印刷 D&IR 研究所「統合報告書発注状況調査 2022 最終報告」。

③取組の実効性の評価、④説明・情報開示を継続的に繰り返すプロセスである
ところ、④説明・情報開示に至るまでのプロセスを一巡しなければ、情報開示
のプロセスに進むことができないというものではない。人権 DD の継続的なプ
ロセスという性質に鑑み、説明・情報開示の時点における情報（既に説明・情
報開示を行っている場合には前回からのアップデート）について、1 年に 1 回以上、
提供していくことが望ましいことを示す趣旨と考えられる。

　これに対して、特にライツホルダーへの説明については、その性質上、その
ライツホルダーが被った特定の負の影響への対応状況等をその内容とするもの
と考えられる。そのため、人権への負の影響が生じた後、事実関係の確認や調
査等を経て、できる限り速やかに説明がなされるべきと考えられる。

Column　開示方法や開示内容を検討するにあたって

　英国やオーストラリアの現代奴隷法はもちろん、欧州では企業持続可能性報
告指令（CSRD）が 2023 年 1 月に発効しており、企業によっては、人権尊重の
視点を含む自社の取組の開示について一定の法的義務を負うこともある。そう
した企業は、法令上の要求を満たすことをベースとして、開示方法や開示内容
を検討することが可能である。

　他方で、特にそのような法的義務を負わない企業においては、（様々なガイド
ライン等は存在するものの）開示方法や内容についてどのように判断すべきか
悩ましい場合も多いと思われる。本書は「ビジネスと人権」に焦点を当ててい
るが、企業がサステナビリティの観点から社会的責任を負う内容は、人権の尊
重に限られない。そのため、統合報告書やサステナビリティ報告書において、
人権尊重の取組もその一つの内容として開示している企業が多いと考えられる。

　もっとも、サステナビリティに関する項目全般を取り扱う統合報告書やサス
テナビリティ報告書において、人権尊重の取組について開示すべき全ての情報
を開示することは容易ではないかもしれない。そのような場合には、主要な情

6）たとえば、UNDP（国連開発計画）の「企業・事業体向け　SDG インパクト基準」（責任
あるビジネス慣行とインパクトマネジメントの実践を組織体制および組織内の意思決定に
組み込むことで、より持続可能な運営を行い、持続可能な開発と SDGs に対し最良な貢献
を行うための「良い進め方」を記したガイド）においても、少なくとも 1 年に 1 回、「持
続可能な開発と SDGs への積極的な貢献をどのように組織のパーパス、戦略、アプロー
チ、ガバナンスに組み入れているかを開示し、そのパフォーマンスを報告している」こと
が求められている。

報についてこれらの報告書内で言及するとともに、提供しきれない情報については、ホームページ等で開示することも考えられる。

　報告書であってもホームページであっても、オンラインで容易にアクセスできる限り、一般に情報を公開する際には、「想定する受け手が入手しやすい方法」（前記③(1)）といえる。そのため、この場合、どのような位置付けの開示媒体を選択するかは人権尊重の取組の観点からは重要ではないと考えられる。

　なお、取組を始めたばかりである場合や、取組方法の適切性に自信がないことなどから、開示に消極的になることもあるかもしれない。しかし、人権尊重の取組が国連指導原則に照らして十分と言えることはほとんど全ての企業において考えがたい（後記 Chapter 12 Q2（p.214））。また、情報開示を経て得られるステークホルダーからのフィードバックを得て、人権 DD のプロセスを改善していく姿勢が重要ともいえる。したがって、上記のような状況にあるとしても、今後の計画や目標とともに自社の現在地（人権 DD として実施したプロセス）を開示していくことが期待されている。

Column サステナビリティに関連する開示スタンダードの流れ

　人権をも含むサステナビリティ情報の開示に関して様々なスタンダード等が策定されてきた[7]。最も著名なものの一つとして、GRI（Global Reporting Initiative）が設立した独立の基準設定機関であるグローバル・サステナビリティ・スタンダード・ボード（Global Sustainability Standards Board：GSSB）が作成・開示する GRI スタンダードがある。

　GRI スタンダードは、2000 年に第一版が策定され、その後度重なる改訂を経て、直近では、2023 年 1 月 1 日以降に発行される報告書等に適用される GRI スタンダードが策定されている。同スタンダードは、組織が経済、環境、ならびに人権を含む人々に与える最も著しいインパクトに関する情報を報告できるようにすることを目的としており、100 超の国々における 10000 超の組織によって利用されているとされる。

　2010 年には、GRI は、A4S（The Prince's Accounting for Sustainability Project）とともに、国際統合報告評議会（International Integrated Reporting Council：IIRC）を設立し、2013 年、統合報告書の作成に係る指導原則や内容要素をまとめた「国際統合報告フレームワーク（The International 〈IR〉

7）ESG のうち Environment を主な対象とする CDP（Carbon Disclosure Project）、CDSB（Climate Disclosure Standard Board）、TCFD（Task Force on Climate-related Financial Disclosure）等は、本書では取り上げていない。

Framework)」を公表した（直近では 2021 年 1 月に改訂版が公表された。）。

　また、2011 年に米国サンフランシスコを拠点に設立された非営利団体である
サステナビリティ会計基準審議会（Sustainability Accounting Standards Board：
SASB）は、2018 年、11 セクター 77 業種について情報開示に関するスタンダー
ドを作成・公表した。同スタンダードは、それぞれの業種において財務パフォ
ーマンスに影響を与える可能性が高い ESG 課題を特定している。

　このように、サステナビリティに関する開示スタンダードには様々なものが
存在しているが、近時、これらの標準化の動きが加速している。2021 年、国際
会計基準（IFRS）を策定する IFRS 財団は、国際サステナビリティ基準審議会
（International Sustainability Standards Board：ISSB）の設立を公表した。ISSB
は、気候変動関連情報審議会（Climate Disclosure Standards Board：CDSB）お
よび価値報告財団（Value Reporting Foundation：VRF）を統合したが、VRF は、
SASB と IIRC の合併により設立された団体である（**図表 8-4**）。

図表 8-4：基準設定機関の統合

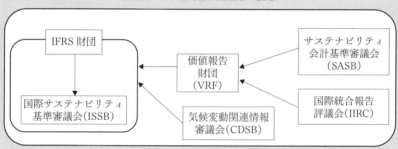

　ISSB は、2022 年 3 月、S1 号「サステナビリティ関連財務情報の開示に関す
る全般的要求事項」および S2 号「気候関連開示」の各案を公開し、2023 年 6
月、最終化されたそれぞれの基準を公表した。さらに、2023 年 5 月、ISSB は、
今後 2 年間（2024 年〜 2026 年）の優先課題の決定等に関するコンサルテーシ
ョンを実施したが、ISSB の提案する 4 課題のうちの一つは人権（human rights）
である。ISSB は、2024 年の前半に今後の計画を最終化することを想定している
としており、「ビジネスと人権」の観点からも ISSB の今後の動向が注目される。

Column 　　**日本におけるサステナビリティ開示規制**

　日本国内においては、「ビジネスと人権」に関する情報開示を義務付ける法令

は、現時点では存在しない。他方で、「サステナビリティ」の情報開示に関する規制について、議論が進展している。

　金融庁は、2023 年 1 月、「企業内容等の開示に関する内閣府令」を改正した。同改正により、有価証券報告書において、「サステナビリティに関する考え方及び取組」の記載欄が新設され、「ガバナンス」および「リスク管理」が必須記載事項、「戦略」および「指標および目標」が重要性に応じて記載を求めることとされた。金融庁は、併せて、「記述情報の開示に関する原則（別添）—サステナビリティ情報の開示について—」を公表しており[8]、同原則によれば、「サステナビリティ情報」には、「人権の尊重」に関する事項も含まれ得るとされた。

　これらは、金融審議会ディスクロージャーワーキング・グループ報告における提言を踏まえたものとされている。同報告では、法定開示書類である有価証券報告書には、ISSB が開発するサステナビリティ基準のような「統一的な開示基準を取り込んでいくことが考えられる」と指摘された（**図表 8-5**）。

図表 8-5：サステナビリティ開示のロードマップ

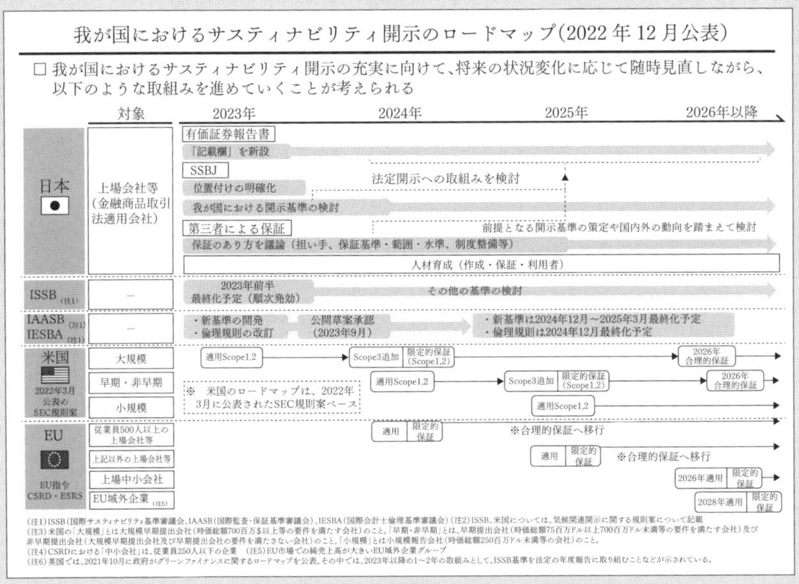

（出典）令和 4 年 12 月 27 日付金融審議会ディスクロージャーワーキング・グループ報告別添の「我が国におけるサステナビリティ開示のロードマップ（2022 年 12 月公表）」

その後、サステナビリティ基準委員会（SSBJ）は、各プロジェクトの開始を決定するとともに、各プロジェクトについて目標公表時期にも言及した（**図表8-6**）。

ISSB における次の基準開発プロジェクト（前記 Column「サステナビリティに関連する開示スタンダードの流れ」(p.173)）も含めて、（ISSB の議論を踏まえた）SSBJ における議論の動向についても、留意が必要である。

図表 8-6：SSBJ における基準開発プロジェクト

	プロジェクト概要	目標公表時期
①	ISSB の S1 基準に相当する基準（日本版 S1 基準）の開発	・公開草案の目標公表時期 2023 年度中（遅くとも 2024 年 3 月 31 日まで）
②	ISSB の S2 基準に相当する基準（日本版 S2 基準）の開発	・確定基準の目標公表時期 2024 年度中（遅くとも 2025 年 3 月 31 日まで）

（出典）金融庁「企業内容等の開示に関する内閣府令等改正の解説」
（2023 年 5 月）より作成

---

8)「サステナビリティ情報については、現在、国内外において、開示の基準策定やその活用の動きが急速に進んでいる状況であることから、サステナビリティ情報の開示における『重要性（マテリアリティ）』の考え方を含めて、今後、国内外の動向も踏まえつつ、本原則の改訂を行うことが考えられる。」との注意書きが付されている。

Chapter 9
救済

人権 DD を実施していても、実際に人権への負の影響（人権侵害）が発生してしまう可能性を 0 にすることはできない。そうした場合に備え、企業には、救済へのアクセスを確保するための苦情処理メカニズムの構築が求められている。その上で、潜在的な負の影響が現実化してしまった場合には、その負の影響を引き起こしまたは助長した企業は、救済を提供することが求められる。

１ 救済が求められる背景

　国連指導原則は、①国家の人権保護義務、②企業の人権尊重責任とともに、3 本目の柱として、③救済へのアクセスを規定している。この背景には、特に先進国の多国籍企業が関与する人権侵害について発展途上国の被害者が救済を得ることは非常に難しいという現実があった。このことについて、先進国 A にある企業 AA が発展途上国 B において企業 BB（企業 AA の子会社）を通じて事業を行っている場面を例に説明する（**図表 9-1**）。

　第 1 が、ガバナンス・ギャップに由来する問題である。ガバナンス・ギャップという言葉は様々な文脈で用いられるが、ここでは、主に各国における法制度の差異を指す。

　具体的には、たとえば、先進国 A では人体に有害であるとして使用が禁止されている化学物質 X が、発展途上国 B では規制されていない場合、その化学物質に関する規制についてガバナンス・ギャップが存在することになる。このような場合、発展途上国 B で働く労働者 Y は、化学物質 X の使用により健康被害を受けたとしても、その化学物質の使用自体が適法であるため賠償や補

図表 9-1：ガバナンス・ギャップと法人格の問題

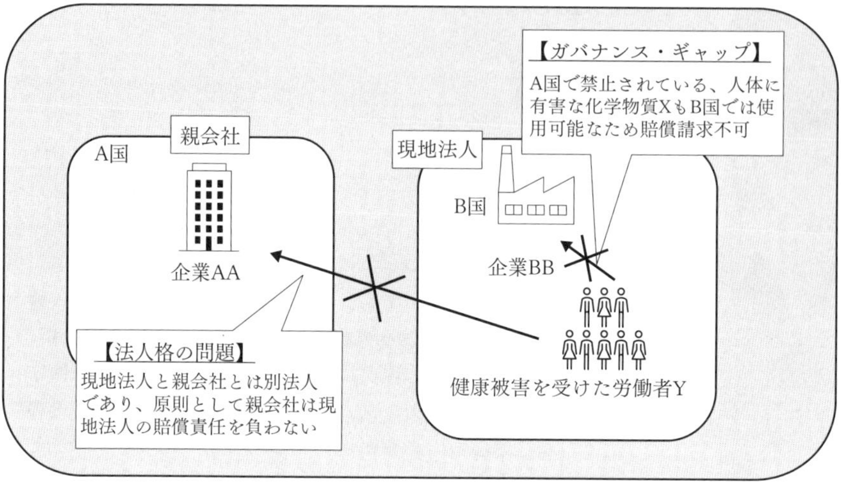

償を受けることができない可能性が高い。したがって、ガバナンス・ギャップの存在により、被害者が賠償や補償を受けることがそもそもできないという問題がある。

　仮に、ガバナンス・ギャップの問題をクリアし、労働者 Y が法的には発展途上国 B の法制の下でも損害賠償請求権を取得できるとしても、それを実現するためにはしばしば困難が伴う。その典型が、法人格の問題である。

　このようなケースでは、労働者 Y としては、まず、自らを雇用する企業 BB に対して損害賠償を請求することになるだろう。しかし、化学物質 X によって Y と同様に被害を受けた多くの労働者が同様の主張をすることが考えられるところ、多国籍企業の子会社にすぎない企業 BB は資力に乏しく、結果として（十分な）賠償や補償を受けられない可能性がある。

　そうであるとすると、賠償の原資のある多国籍企業 AA に対して賠償を求めることになるが、一般に、資本関係があったとしても多国籍企業 AA とその子会社 BB とはあくまでも別法人であることから、原則として損害賠償を請求することができないと考えられる（法人格の問題）。このように企業 BB が多国籍企業の子会社であっても容易ではないが、企業 BB が多国籍企業の取引先の一つ（資本関係がない）にすぎない場合には、被害者が救済を得られることはさ

らに困難となる。

　このように、既存の法的枠組みにより救済が難しいケースがあり、この問題を解決し、被害者に救済が提供されるようにすることが、国連指導原則による大きな試みの一つであると考えられる。

② 救済が求められる場面

　企業は、**自社が人権への負の影響を引き起こし、または、助長していることが明**らかになった場合、**救済を実施し、または、救済の実施に協力すべき**である一方で、「直接関連する」のみの場合においては、救済の実施までは求められない（人権尊重ガイドライン5項・国連指導原則22）。

　こうした自社の事業等が負の影響と「直接関連する」のみのケースにおいて

1）国際連合広報センターのウェブサイトに掲載されている。
2）「人権尊重についての企業の責任－解釈の手引き－」の「I. 主要概念」は、「是正と救済は、人権への負の影響について救済を提供する**プロセス**、及び負の影響を弱めまたは修復するような実質的な**成果**の双方をいう。」と説明している。

図表 9-2：救済を行うべき主体

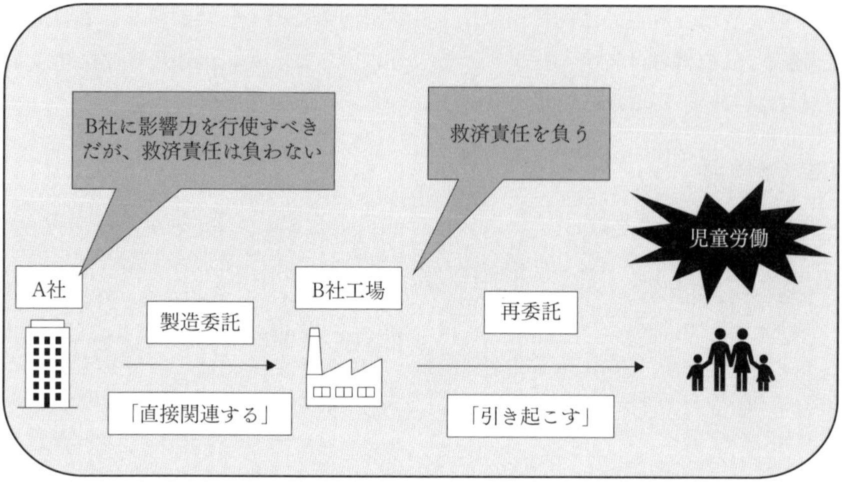

は、その負の影響を引き起こし、または、助長している他の企業が存在するのであり、そうした「他の企業」において、救済を実施することが求められる。他方で、そのような場合であっても、「直接関連する」企業は、救済に向けてその「他の企業」に対して働きかける社会的責任を負う点に留意が必要である（**図表 9-2**）。

　なお、前記 Chapter 5 ③（p.104）のとおり、「助長する」（Contribute）と「直接関連する」（Directly linked）との区別が困難である場合には、「直接関連」が「助長」に発展し得ることなどから、人権尊重責任の趣旨が人権への負の影響の防止・軽減にあることを踏まえ、「助長」として捉え、負の影響を防止・軽減するとともに、救済を提供することが望ましいとされる（人権尊重ガイドライン Q&A 13 番）。

③　救済の内容

　救済の内容は、様々なものが考えられる（**図表 9-3**）。他方で、救済の目的は、「人権にもたらされた害を除去しまたは補償すること」（国連指導原則 25 解説）であるため、**図表 9-3** のいずれか一つでも提供されれば人権尊重責任を果たし

図表 9-3：救済の例

負の影響の除去・補償	予防的な救済
謝罪、原状回復、リハビリテーション、金銭的または非金銭的補償、および処罰的な制裁（罰金などの刑事罰または行政罰）	行為停止命令や繰り返さないという保証などによる損害の防止

（出典）国連指導原則 25 解説・人権尊重ガイドライン 5 項

たと評価されるというわけではない。

　前記救済の目的に鑑みると、たとえば、謝罪や加害者への制裁が行われるだけでは、通常は被害者に生じた害悪を除去することにはつながらず、これらのみで「救済」を提案したと考えることは、多くの場面において適切ではないと考えられる。

　被害者が被った害悪の除去・補償につながるような救済が何かは個別具体的な状況に応じて異なるが、人権への負の影響を受けたステークホルダー（ライツホルダー）の視点から適切な救済を提供する必要がある（人権尊重ガイドライン 5 項）。

④　救済の仕組み

(1)　救済の仕組みの種類

　救済の仕組みには、国家によるものと、企業によるものがある。その概要は、**図表 9-4** のとおりである。

　図表 9-4 のように国の裁判制度も苦情処理メカニズムの一つであることから、「日本では、誰でも低コストで裁判を受けることができるのだから、企業がわざわざ苦情処理メカニズムを設置する必要はないのではないか」といった疑問を聞くことも多い。もちろん、国家による救済の仕組みで対応することが可能な事案もあるだろう。

　他方で、国家による救済が常に有効であるとは言いがたい。特に、ガバナンス・ギャップが存在する発展途上国において人権を侵害された被害者が、救済の提供を受けることに高いハードルがあることは、前記① (p.177) のとおり

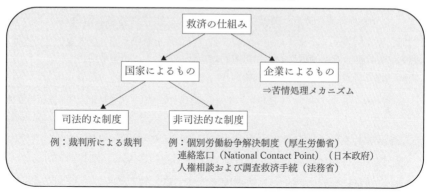

図表 9-4：救済の仕組みの全体像

救済の仕組み

国家によるもの

企業によるもの
⇒苦情処理メカニズム

司法的な制度

非司法的な制度

例：裁判所による裁判

例：個別労働紛争解決制度（厚生労働省）
　　連絡窓口（National Contact Point）（日本政府）
　　人権相談および調査救済手続（法務省）

（出典）人権尊重ガイドライン 5.2 項より作成

である。また、日本の裁判制度がそうであるように、司法手続は終了まで相応の期間を要するものが多く、迅速な救済を提供することは困難である（さらに、仮に裁判において勝訴することができたとしても、任意に損害賠償義務等が履行されない場合には、その執行のための手続に進まなければならない）。

　国連指導原則は、「救済へのアクセス」を確保することを求めている。どのような状況で発生した人権侵害にも救済が提供されるように、様々に長所・短所の異なる制度が併存することで、それぞれの制度が相互に補完し合いながら、救済へのアクセスを確保することが理想である[3]。したがって、国家による仕組みとは別個に、企業による仕組みも求められている（人権尊重ガイドラインQ&A15番）。

(2)　苦情処理メカニズム（grievance mechanism）

　苦情処理メカニズムが備えるべき要件は 8 つある（人権尊重ガイドライン 5.1 項・国連指導原則 31）（**図表 9-5**）。これらの要件全てに完璧に応えることは容易ではないが、いずれの要件も、苦情処理メカニズムがステークホルダーから信

3）国連ビジネスと人権作業部会のレポート（A/72/162）は、企業が関連する人権侵害により負の影響を受けたライツホルダーは、ライツホルダーの意思や人権侵害の性質を含む異なる状況に応じた様々な救済手段である「救済のブーケ」（Bouquet of remedies）を得ることができるべきであるとしている。

図表 9-5：苦情処理メカニズムの要件

項目	概要
正 当 性	苦情処理メカニズムが公正に運営され、そのメカニズムを利用することが見込まれるステークホルダーから信頼を得ていること。
利用可能性	苦情処理メカニズムの利用が見込まれる全てのステークホルダーに周知され、例えば使用言語や識字能力、報復への恐れ等の視点からその利用に支障がある者には適切な支援が提供されていること。
予測可能性	苦情処理の段階に応じて目安となる所要時間が明示された、明確で周知された手続が提供され、手続の種類や結果、履行の監視方法が明確であること。
公 平 性	苦情申立人が、公正に、十分な情報を提供された状態で、敬意を払われながら苦情処理メカニズムに参加するために必要な情報源、助言や専門知識に、合理的なアクセスが確保されるよう努めていること。
透 明 性	苦情申立人に手続の経過について十分な説明をし、かつ、手続の実効性について信頼を得て、問題となっている公共の関心に応えるために十分な情報を提供すること。
権利適合性	苦情処理メカニズムの結果と救済の双方が、国際的に認められた人権の考え方と適合していることを確保すること。
持続的な学習源	苦情処理メカニズムを改善し、将来の苦情や人権侵害を予防するための教訓を得るために関連措置を活用すること。
対話に基づくこと	苦情処理メカニズムの制度設計や成果について、そのメカニズムを利用することが見込まれるステークホルダーと協議し、苦情に対処して解決するための手段としての対話に焦点を当てること。

（出典）人権尊重ガイドライン 5.1 項

頼を得て、（形式的ではなく）実質的に意味のある機能を果たしていくために重要である。

ア　正当性（Legitimate）

　苦情処理メカニズムは、企業とそのステークホルダーに関わる苦情や紛争に取り組む一連の仕組みをいう（人権尊重ガイドライン 5.1 項[4]）。端的に言えば、ステークホルダーからの苦情を解決するためのシステムである。

そのため、対立当事者（苦情を訴えるステークホルダーと、その苦情の原因を引き起こしたと主張されている企業）の一方である企業が、苦情処理メカニズムによる決定や判断を何ら制約なく左右できるのであれば、そのプロセスは公正とはいえないだろう。

　そこで、ステークホルダーから苦情処理メカニズムが信頼を得る基礎となる、一方当事者による不当な干渉を排除する制度であることなどが求められる。たとえば、自社で苦情処理メカニズムを運営している場合には、苦情への対応を判断する際に専門家の意見を確認するといった対応が考えられる（**図表 9-6**）。

図表 9-6：正当性を実践する考え方の例

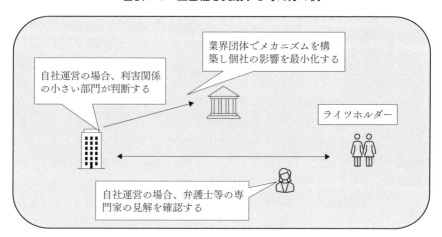

イ　利用可能性（Accessible）

　苦情処理メカニズムは、理論的には誰でも利用できるものであったとしても、様々な事実上の支障があってステークホルダーが利用できないものであるとすれば、そもそも利用されず、結果として、苦情等を解決するという機能を果たすことができない。

　たとえば、高いコストを負担しないと利用できない、利用すれば勤務先等に報告されるおそれがあるといったことはその典型例である。理論的にだけでは

4）「人権尊重についての企業の責任－解釈の手引き－」問 71 の定義と同じである。

なく、現実的にも、ステークホルダーが実際に利用できるシステムであるべきである[5]。

利用可能性を向上させる対応例としては、たとえば、①苦情処理メカニズムの利用について費用を請求しないまたは低額とする、②苦情処理メカニズムの利用申請者に対する一切の報復行為を禁じる（人権尊重ガイドライン脚注84）、③利用する可能性が高いと考えられるステークホルダーの母国語等での利用を可能にすることが考えられる。

ウ　予測可能性（Predictable）

ある苦情処理メカニズムに訴えようとする場合、訴えがどのような手続・タイムラインで処理され、どのような結果がもたらされる可能性があるのかは、利用しようとするステークホルダーにとって重要である。

たとえば、想定される所要期間が数か月程度であるのか、それとも数年単位であるのかという事情は、ステークホルダーが苦情処理メカニズムを利用すべきなのか、それとも裁判といったその他の手段を利用すべきなのかの判断に大きな影響を与え得る。

もちろん、所要期間を確約することは難しい。もたらされ得る救済もケースバイケースであるだろう。しかし、そうした情報は利用を検討する者にとって重要であり、その苦情処理メカニズムを利用するかどうかなどの判断にあたって参考となるよう、可能な範囲で予測可能性が確保されていることが望ましい。

後記「実際の取組例（不二製油グループ）」（p.188）のとおり、同グループは、苦情処理メカニズムの対応タイムラインを公表しており、予測可能性の向上に向けた取組の例といえる。

エ　公平性（Equitable）

一般に、苦情処理メカニズムを利用しようとするステークホルダーは、専門知識の多寡や財源等に関して、企業と比して弱い立場に置かれている。

そうであるにもかかわらず、そのような格差に何らの手当ても行わなければ、

---

5) 苦情処理メカニズムを利用する際にステークホルダーにとって支障になり得るものの例には、「メカニズムに対する認知不足、使用言語、識字能力、費用、所在地の問題及び報復に対する恐れ」がある（国連指導原則31解説）。

苦情処理メカニズムによる解決の結果は不公平なものになりかねない（例：専門知識や財源不足により本来認められるべきであった救済が認められない）。こうした不公平な結論を招き得る当事者間の格差を可能な限り是正することが求められる。

他方で、企業として、被害を受けたと主張するライツホルダーに対して、たとえば、そのライツホルダーが弁護士を雇用するコストを負担したり、苦情処理メカニズム利用中の生活費等を負担したりすることは、容易ではないであろうし、適切かどうか判断が難しいケースもあり得る。

たとえば、前記イで言及したように苦情処理メカニズムの利用者がその利用に際して負担するコストを低減するとともに、ライツホルダーを支援する団体等の情報をライツホルダーが理解できる形で提供する、といったことが考えられる。

オ　透明性（Transparent）

透明性を考える際には、大きく二つの視点があると考えられる。一つは、苦情処理メカニズム利用中のステークホルダーの視点であり、もう一つは、苦情処理メカニズムを今後利用する可能性があるステークホルダーの視点である。

前者の視点について、たとえば、問題解決に向けた検討の進捗状況を苦情処理メカニズム利用中の当事者に共有することが考えられる。また、後者の視点について、たとえば、自社の苦情処理メカニズムの利用によって過去にどのような解決が図られてきたかを開示することが考えられる。

こうした対応は、苦情処理メカニズムの透明性を向上させ、ひいては、ステークホルダーから信頼を得ることにつながる。ただし、情報開示にあたっては、利用者個人の匿名性を確保するなど、個人情報保護の視点にも留意が必要である。

後記「実際の取組例（不二製油グループ）」（p.188）のとおり、同グループは、登録された苦情についての対応状況等を一覧化してウェブサイト上で公開しており、これは、透明性の向上に向けた取組例の一つと考えられる。

カ　権利適合性（Rights-compatible）

「ビジネスと人権」においては、適用される法令で保護される権利であるか

どうかにかかわらず、国際的に認められた人権を尊重することが企業に求められる。

そのため、苦情処理メカニズムにおいても、法令違反に限定するのではなく、国際的に認められた人権に関する苦情を広く受付対象とすることが望ましい（人権尊重ガイドライン Q&A 14 番）。

また、そうである以上、苦情処理メカニズムを通じた解決の際には、その国における法令違反のケースのみならず、国際的に認められた人権を侵害するケースについても、救済が提供されることが期待される。

キ　持続的な学習源（A source of continuous learning）

苦情処理メカニズムは、個別の人権侵害への救済を提供するものであるが、実際に人権が侵害されてしまう前に、潜在的な負の影響（人権侵害リスク）の段階でそのリスクを防止・軽減できるとすれば、それに越したことはない。

そのため、苦情処理メカニズムに寄せられた苦情が分析され、可能な限り、今後の人権侵害の未然防止のために活用されることが望ましい。たとえば、苦情処理メカニズムを運営する企業または業界団体において、今後の同様の負の影響を防止・軽減できるよう、苦情の内容を分析し、匿名性に配慮しながら情報を共有することが考えられる。

ク　対話に基づくこと（Based on engagement and dialogue）

対話に基づくことについて、大きく二つの視点があると考えられる。一つは、苦情処理メカニズム自体の改善の視点であり、もう一つは、結論に至るプロセスが対話に基づくべきことである。

前者について、ステークホルダーと対話をすることで、現在の苦情処理メカニズムの長所や短所を認識することにつながり、同メカニズムを改善していくことを可能にする。

後者について、特に企業が運営する苦情処理メカニズムにおいて、企業が一方的に結論を決定する形式では、被害を訴えるステークホルダーの納得を得ることが難しい可能性がある。人権尊重の取組においてステークホルダーとの対話は重要であり（人権尊重ガイドライン 2.2.3 項）、苦情の解決についても、一方的な決定ではなく、対話による解決を目指すべきである。

もちろん、何らかの一方的な判断によって苦情処理メカニズムのプロセスが終了することを否定するものではないと思われる。そもそも対話をすることが容易ではない場合や、議論が平行線のまま相互に折り合うことが難しい場合は、現実にあり得る。

実際の取組例（不二製油グループ）

　不二製油グループは、「責任あるパーム油調達方針」を実現する目的で、2018 年 5 月に苦情処理メカニズムを構築・公表した。同社の苦情処理メカニズムの概要を**図表 9-7** にまとめている。

図表 9-7：不二製油グループの苦情処理メカニズムの概要

項目	概要
対象	①不二製油グループ、②不二製油グループの直接サプライヤー、③不二製油グループの間接サプライヤー（パーム油のサプライチェーンに含まれる者）
苦情処理の流れ	①苦情の受付、②苦情の検証、③苦情の登録、④苦情への対応、⑤モニタリング、⑥終了（申立人への通知等）
利用手段	Eメール、電話、書面送付 ※これらの方法で寄せられた苦情に加えて、メディアやインターネットといったチャネルを通じて提起された問題についても、不二製油グループの責任あるパーム油調達方針に違反すると主張するものであり、かつ、不二製油グループのサプライチェーンに直接または間接に関連するものについては、苦情として記録される。
苦情に含まれる必要がある情報	氏名、団体名（該当する場合）、住所、電話番号・FAX 番号・Eメールアドレス（少なくともいずれか一つ）、苦情の詳細、苦情を基礎づける証拠
対応結果の開示	登録された苦情を一覧化してウェブサイト上で公開する。
対応のタイムライン	**図表 9-8** 参照（ただし、別紙は省略している。）。

（出典）不二製油グループ ウェブサイト（英文）より作成

図表 9-8：主な対応のタイムライン

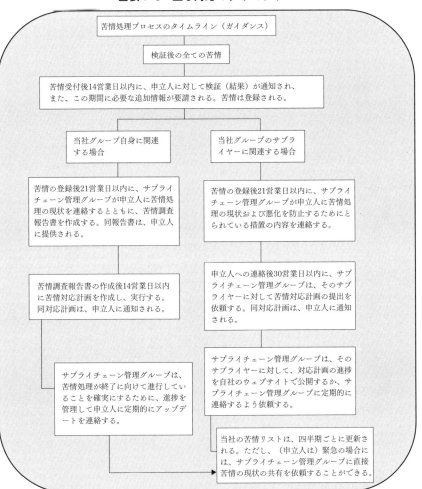

苦情処理プロセスのタイムライン（ガイダンス）

検証後の全ての苦情

苦情受付後14営業日以内に、申立人に対して検証（結果）が通知され、また、この期間に必要な追加情報が要請される。苦情は登録される。

当社グループ自身に関連する場合

当社グループのサプライヤーに関連する場合

苦情の登録後21営業日以内に、サプライチェーン管理グループが申立人に苦情処理の現状を連絡するとともに、苦情調査報告書を作成する。同報告書は、申立人に提供される。

苦情の登録後21営業日以内に、サプライチェーン管理グループが申立人に苦情処理の現状および悪化を防止するためにとられている措置の内容を連絡する。

苦情調査報告書の作成後14営業日以内に苦情対応計画を作成し、実行する。同対応計画は、申立人に通知される。

申立人への連絡後30営業日以内に、サプライチェーン管理グループは、そのサプライヤーに対して苦情対応計画の提出を依頼する。同対応計画は、申立人に通知される。

サプライチェーン管理グループは、苦情処理が終了に向けて進行していることを確実にするために、進捗を管理して申立人に定期的にアップデートを連絡する。

サプライチェーン管理グループは、そのサプライヤーに対して、対応計画の進捗を自社のウェブサイトで公開するか、サプライチェーン管理グループに定期的に連絡するよう依頼する。

当社の苦情リストは、四半期ごとに更新される。ただし、（申立人は）緊急の場合には、サプライチェーン管理グループに直接苦情の現状の共有を依頼することができる。

（出典）不二製油グループ ウェブサイト（英文）より作成

公益通報者保護制度と苦情処理メカニズム

苦情処理メカニズムに類似した制度として、公益通報者保護制度がある。それぞれの違いについて、概要を**図表9-9**にまとめている。

図表9-9：公益通報者保護制度と苦情処理メカニズムの主な相違点

	公益通報者保護制度	苦情処理メカニズム
根　　拠	公益通報者保護法	国連指導原則・人権尊重ガイドライン
性　　質	法的義務（常時使用する労働者の数が300名以下の事業者は努力義務）	社会的責任
対 象 者	労働者・派遣労働者・役員等	自社によって負の影響を受け得る全てのステークホルダー（人権尊重ガイドラインQ&A 14番）
対象通報	公益通報（一定の法令違反等）	自社が引き起こし、助長し、または、自社の事業等と直接関連する人権への負の影響

　公益通報者保護制度は、労働者や役員といった「社内」（派遣労働者等を含む）を対象とするものである一方で、苦情処理メカニズムは、**「社外」を広く含むべきもの**である点で大きく異なる。また、公益通報者保護制度は、一定の法令違反をはじめとする「通報対象事実」（公益通報者保護法第2条第3項）があって初めて公益通報者保護法によって保護される一方で、苦情処理メカニズムは、自社が**社会的責任を負う負の影響については広く対象とする**ことが求められる。

(3)　集団的苦情処理メカニズム

　企業は、自ら苦情処理メカニズムを構築するか、または、業界団体等が構築する苦情処理メカニズムに参加することで、救済の提供を可能にする必要がある（人権尊重ガイドライン5.1項）。後者の苦情処理メカニズムについて、個社が設置するものと異なり、集団的苦情処理メカニズムとも呼ばれる。

　企業の規模等によっては、個社ごとに苦情処理メカニズムを構築する（多くの企業が既に構築・運用している内部通報システムを前記**図表9-5**（p.183）の8原

則を満たすことができるよう改善する）ことが難しいことも十分に考えられる。そうした場合、集団的苦情処理メカニズムに参画することが一つの手段である。

実際の取組例（ビジネスと人権対話救済機構：JaCER）

　集団的苦情処理メカニズムの一つとして、ビジネスと人権対話救済機構があり、概要は以下のとおりである（**図表 9-10**）。JaCER のウェブサイトによれば、20 以上の企業が正会員として JaCER に参画している。

図表 9-10：JaCER の概要

項目	概要
名　　称	一般社団法人ビジネスと人権対話救済機構（JaCER：Japan Center for Engagement and Remedy on Business and Human Rights）
対 象 者	人権の観点から、悪影響を受ける人、または悪影響を受ける可能性があると信じる合理的な根拠を持つ人、ならびにそれを支援する労働組合、市民社会組織（NGO）などの組織。
対象案件	ビジネスと人権課題に関係し、国際人権章典（世界人権宣言と国際人権規約（社会権規約・自由権規約））をはじめとする国際行動規範、各国の国内規範への違反が疑われる案件（これらに該当しない日常的な不平・不満の申立ては対象外）。
苦情処理の流れ	JaCER は、責任を有する会員企業が適切に案件対応することの支援を行うのみであり、苦情処理の責任は該当企業にある。
受付手段	JaCER のウェブサイト（日本語・英語）
情報開示	通報者および該当企業の匿名性を確保しつつ、定期的（原則 2 週間ごと）に、JaCER のウェブサイト上に公開している苦情処理案件リストが更新される。
そ の 他	JaCER 会員企業以外への通報については、可能な場合、JaCER からその企業に打診を行い、適切に対応することを要請する。

（出典）JaCER ウェブサイトより作成

Chapter 10
「ビジネスと人権」の有事対応

真摯に人権 DD に取り組んでいたとしても、現実には、全ての負の影響を把握できるわけではなく、また、把握できても適時に十分な対応ができるとは限らない。外部の第三者から、人権への負の影響への関与（の可能性）を指摘されることもある。このような場合に、「ビジネスと人権」の視点からはどのように対応をすることが期待されているか。

Chapter 2 ～ Chapter 9 において「平時」の取組について解説してきた。こうした取組を着実に実践していくことこそが、「有事」（例：人権侵害（の可能性）を外部から指摘された場合）における適切な対応を容易にすることは明らかであろう。

他方で、「有事」においては、「平時」とは異なる視点も重要となることから、架空の設例（**図表 10-1**）を基に、「有事」の際に求められる視点や対応について検討する。

1 対応の姿勢

人権侵害（の可能性）が外部からの指摘により発覚した場合にどのように対応すべきか。まさに「正解のない」問題の一つであるが、そうであるからこそ、**真摯に対応していく姿勢が極めて重要になる。**

（指摘が悪意に基づくものであるといった場合は別としても）「真摯に対応していく」とは、**自社に対する指摘を受け止め、指摘事項の真偽を確認した上で、その指摘と正面から向き合う**ことを意味している。言い換えれば、**指摘を合理的な根拠**

図表 10-1：架空の設例

貴社の衣料品の原材料は、X地域の人々が強制的に労働させられて生産されている。我々は、貴社に直ちに責任ある対応をとるよう求める。

国際的な人権NGO

A社（衣料品の製造・販売）

なく虚偽と断定したり、指摘に対して何らの対応もしなかったりすることは、避けるべきであると考えられる。

　もちろん、指摘事項の検討の結果として、「指摘については事実ではないと考えている」という結論になり得ることもあり得る。結論の正当性を担保するためにも、人権 DD 同様に適切なプロセスを経て検討することが重要である。そして（守秘義務等により検討結果を全て開示することは困難と考えられるが）その検討結果を可能な範囲で説明していくことが重要であり、まさに「ステークホルダーとの対話」の一場面と考えられる。

　こうした真摯な対応をする姿勢が、実際に人権侵害があった場合にはその是正・救済に速やかにつなげることを可能にするばかりではなく、自社の取組の改善はもちろん、ステークホルダーからの信頼獲得にもつながる。

② 対応のプロセス

　それでは、実際にどのような対応が求められるか。**図表 10-1** の設例を基に、大きく、①初動対応、②事実調査、③公表に分け、留意点を解説していきたい。

（1） 初動対応

　まずは、人権 NGO の指摘を初期的に確認・分析することが第一歩である。**ポイントは、指摘事項との関係での自社の現在地を把握することである。**指摘事項

図表 10-2：検討・分析フローの例

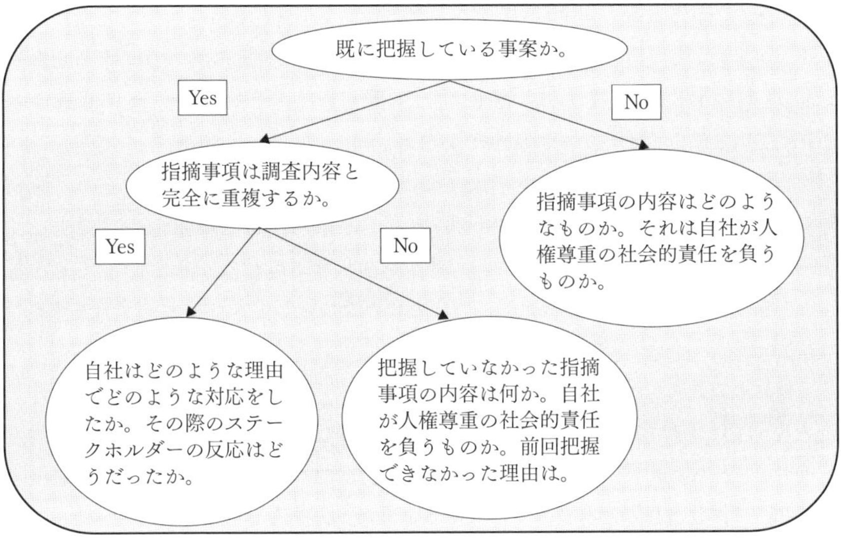

が既知であった場合と未知の場合とに分けて検討していく（**図表 10-2**）。

図表 10-2 のように、指摘事項についてどこまで把握できていたかによって、今後の調査の方向性が異なってくるため、初期的な確認とはいえ重要である。

検討の結果、客観的に見てそもそも人権侵害の主張に合理的な根拠がないと判断される場合には、何らの対応を行わないということもあり得る。ただし、そうした場合であっても、「主張に合理的な根拠がない」かどうかについては慎重に検討されるべきであるし、どのような情報や判断過程に基づいて「主張に合理的な根拠がない」と判断したのかについて、対外的に説明できるようにしておくことが重要である（人権尊重ガイドライン Q&A 11 番）。

ア　検討の視点

不正・不祥事が発生したとき、通常は、自社が法的責任を負うかどうかのみを検討すれば足りることも多い。しかし、「ビジネスと人権」の世界では特に、全ての企業は、人権を尊重する社会的責任を負っているため、法的責任の有無という視点のみでは不十分である。

したがって、①法的責任を負うかに加えて、②社会的責任を負うかについても検

討する必要がある点に留意が必要である。

　企業が人権侵害に社会的責任を負う場合は、前記 Chapter 2 ④ (p.43) のとおり、その人権侵害が、①自社が引き起こしたもの (Cause)、②自社が助長したもの (Contribute)、または、③自社の事業・製品・サービスと直接関連するもの (Directly linked) のいずれかである場合をいう。

　本設例では、「原材料」が A 社において使用されており、かつ、その「原材料」が強制労働によって生産されているという指摘が正しい場合には、少なくとも、③「直接関連する」ケースに該当すると考えられる。したがって、A 社は、（強制労働という人権侵害に法的責任を負わないとしても）社会的責任を負う。

イ　検討の方法

　人権侵害に関する指摘の真偽を検討するにあたっては、自社内の担当部門とともに調査や確認を行うことになるが、こうした検討にあたっても、人権侵害の指摘を行った主体（本設例では人権 NGO）との対話が重要であると考えられる。

　なぜならば、指摘を行った主体は、一定の根拠に基づいてその指摘が正しい（可能性がある）と考えているはずであり、対話を通じて、そうした指摘の内容（具体的には、人権侵害への自社による関与の有無など）について、より適切に理解することができる可能性があるからである。

　特に、自社やグループ会社ではなく、自社のサプライチェーンで発生している人権侵害については、自社のみによる調査では、その指摘の真偽を容易に確認できないことも多い。そうした場合には、人権 NGO 等との対話を通じてその指摘の根拠や背景についてよく理解することが、早期の対応を可能にする。

(2)　事実調査

　前記 (1) の初動対応の結果、指摘を受けた人権侵害について自社の責任を否定できない場合、その人権侵害（の可能性）について本格的な調査を実施することになる。こうした事実調査の局面においても、「ビジネスと人権」の問題であるがゆえの特徴や課題がある。それらの概要と平時からできる対応を**図表 10-3** にまとめている。

図表 10-3：人権問題の調査における特徴・課題

項目	特徴・課題の概要	平時の対応
方法	● 自社・グループ会社以外の第三者において発生している人権侵害が問題視される場合、たとえば、その第三者の敷地内に立入調査をする法的な権限がなく、そもそも調査を開始することが困難となり得る。 ● 自社と直接契約関係のない第三者であれば、従前、社名も把握していなかった可能性もあり、そうした場合には調査が一層困難になり得る。	● 取引先との契約書には情報開示義務や調査権限を規定しておく。 ● 追跡可能性の確保に努めるとともに、場合によっては直接の取引先に対して、間接の取引先との契約に調査権等を盛り込むよう要請する。
対象範囲	● 海外の子会社やサプライヤーにおける人権侵害の事案であれば、その国・地域の弁護士等の専門家と協働することが必要になり得る。 ● 法的責任・社会的責任双方の視点が必要になり、関連法令のみならず、国連指導原則や国際人権基準を踏まえた検討が求められる。	● 自社業界の人権尊重に関するイニシアチブへの参加等を通じて、「ビジネスと人権」の理解を深めるとともに、専門家との関係を構築しておく。
調査後の対応	● 自社が救済を提供する責任を負う人権侵害が確認された場合、被害者に対してどのような救済を提供していくか迅速な検討が求められる。 ● 調査の結果、取引先による人権侵害であり、自社はその人権侵害と「直接関連する」に過ぎないことが判明した場合であっても、その取引先に対して、救済を提供するように影響力を行使する必要があるが（前記 Chapter 9 ② (p.179)）、取引先がその働きかけに応じるかは不透明である。	● 適切な苦情処理メカニズムを構築しておく。 ● 人権尊重の取組の必要性や重要性等について、取引先の理解や協力を得られるよう人権方針の遵守要請や人権 DD を通じてコミュニケーションしておく。

（3）　公表

・・

　一般的な不正・不祥事の場合には、事実調査等が終わった後に、調査結果の概要を記載したプレスリリースや調査報告書を開示することが多い。法令等により開示が義務付けられる場合には、その法令等に従い開示することが最低限実施すべきことであり、判断に迷う部分は大きくないだろう。

　ここでは、企業が法令等により開示を義務付けられないケースを念頭に、公表について検討したい。検討フローの例を**図表 10-4** に表している。

図表 10-4：検討フローの例

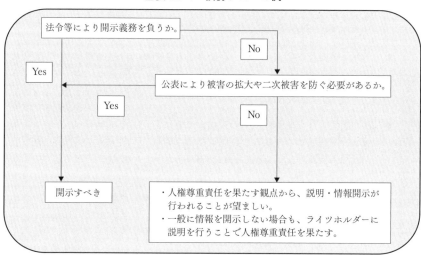

　まず、被害の拡大や二次被害を防ぐ必要があるようなケースでは、公表の法的義務を負わない場合であっても、可及的に速やかな開示が必要と考えられる。たとえば、工場の排水によって人体に被害が発生しているという場合には、排水を直ちに止めるなどの対応が即座に求められることはもちろんであるが、そうした影響が発生していることを公表することで、さらなる汚染水の利用に起因する健康被害の発生を食い止める必要がある。

　では、開示の法的義務を負わず、かつ、被害の拡大等を防ぐ必要もないケースにおいては、公表の要否についてどのような判断をすることが求められるだ

ろうか。

　大前提として、人権尊重責任を果たすという観点からは、説明・情報開示がなされることが望ましい。また、**図表 10-1** の設例のように人権 NGO から「書簡」を送付されているケースではライツホルダーの人権侵害の存在が指摘されている場合には、説明できるようにしておくことが特に重要な場面の一つである「企業が人権侵害の主張に直面した場合」に当たると考えられる（人権尊重ガイドライン 4.4 項・国連指導原則 21）。

　そもそも、「人権尊重の取組について情報を開示していくことは、仮に人権侵害の存在が特定された場合であっても、……ステークホルダーから評価されるべきもの」（人権尊重ガイドライン 4.4 項）であり、企業による積極的な情報開示が期待されている。他方で、様々な事情によっては、一般に情報を公開することが適切ではないまたは難しい場合も考えられる。

　また、人権尊重責任を果たす目的が、人権への負の影響を防止・軽減し、人権侵害が生じた場合にもそれへの救済を提供することにあることに鑑みれば、その負の影響を受けているライツホルダーに対して企業による対応状況や今後の対応計画等が伝達されれば、一般に情報を公開しなくても、人権尊重の目的が達せられる場合もあると考えられる。

　したがって、人権尊重ガイドライン・国連指導原則を踏まえても、人権尊重の目的を害しない限り、どのような方法で説明・情報開示を行うかは、企業に委ねられており、一般に情報を開示せずライツホルダーに説明していくことでもよいと考えられる。

Column　「有事になってから」では不十分（有事の対応も平時から）

　本 Chapter では「有事対応」について説明してきた。もちろん、深刻な人権侵害が発生してしまうことは、平時から人権 DD 等に取り組んでいたとしても、必ずしも避けられるものではない。そうであるものの、平時にいかに適切に取組を行ってきたかが、有事の際に十分な対応を取ることができるかに大きな影響を与える。

　たとえば、自社のサプライチェーンにおいて深刻な児童労働が確認された事案を想定してみたい。何の取組も行っていない場合、（当然のことであるが）当該事案に関する質問や批判に対して、何らかのポジティブな回答をすることも

できず、そうした自社の不作為は、厳しい批判に晒され、結果として、取引を停止されることを含むビジネス上の深刻なリスクに直面する可能性も高まる。

　他方で、たとえば、自社のサプライヤーに対して児童を雇用しないことを誓約させるとともに、児童を雇用しない（させない）ための厳格な年齢確認手続等の遵守を要求し、さらにその取組状況をモニタリングしていたという場合ではどうか。この場合には、①（完全ではないとしても）自社が取組を行ってきたことを説明することができ、また、②従前の取組をベースにして原因究明や再発防止策の検討を迅速に進めることも可能になる。人権への負の影響を全て未然に防ぐことができないことは自明であることを踏まえると、自社の従前の取組とそれを踏まえた今後の方針を丁寧に説明してくことで、救済の提供に速やかにつなげられるほか、ステークホルダーからも理解を得られやすく、結果として、ビジネス上の深刻なリスクに直面する可能性を小さくすることができるだろう。

　「有事になってから」ではなく、「有事の対応も平時から」を念頭に、日々の取組を進めていくことが、人権尊重の観点からはもちろんであるが、経営の観点からも重要であると考えられる。

Chapter 11
海外の主な法規制

「ビジネスと人権」に関する法規制が欧米を中心に進む。これらは、人権尊重ガイドラインと完全に一致するものではない。しかし、両者には通底する部分があり、現時点で法規制の適用を受けない企業も、人権尊重ガイドラインを踏まえて取組を進めていくことで、将来適用され得る法規制への対応の基礎を築くことができる。

☐ 法規制の概要

(1) 類型

　海外では、「ビジネスと人権」に関して、様々な法規制が検討・導入されてきている。その内容は国・地域ごとに様々であるが、主な法制度は、大きく**図表 11-1** のように分類できる。

　同図表の「人権 DD アプローチ」とは、まさに人権尊重ガイドラインに記載されているような人権尊重の取組を義務付ける手法を指す。このアプローチには、①人権への負の影響の特定・評価、特定された負の影響の防止・軽減といった人権 DD を実施することを義務付けるもののほか、②人権 DD 実施（または不実施）の結果の開示のみを義務付けるものがある。②の場合、企業は、人権 DD の実施自体について法的義務を負わない点で、①に比べると義務の内容が相対的には軽いと考えられる。

　こうした人権 DD アプローチと一線を画する輸入規制は、「通商的アプローチ」とも呼ばれる[1]。これらの法律は、人権 DD を企業に対して求めるもので

図表 11-1：法規制の類型

	アプローチ	類型の概要
①	人権 DD アプローチ	人権デュー・ディリジェンスの実施および開示を企業に義務付ける法制（例：EU（案）、フランス、ドイツ、オランダ）
②		自社事業およびサプライチェーン等におけるリスク対応等に関する開示または監督官庁への報告を企業に義務付ける法制（例：英国、カナダ、オーストラリア、米国カリフォルニア州）
③	通商的アプローチ	強制労働により製造等された産品に対する輸入規制（例：米国、カナダ）

（出典）人権尊重ガイドライン添付「海外法制の概要」より作成

はなく、たとえば強制労働等の一定の人権侵害と関連する製品の輸入を禁止するものである。企業は人権 DD を実施する義務を負わないが、強制労働により製造された製品を使用することを回避せざるを得ず、結果として、企業は人権 DD を実施する必要に迫られる[2]。

(2)　法的義務の内容

「ビジネスと人権」に関連する海外の主な法令（案）について、その概要を整理している（**図表 11-2**）。

図表 11-2 における代表的な法規制の概要のみを見ても、特にグローバルに事業を展開している企業にとっては、「ビジネスと人権」に関する様々な法令の適用を受けることがわかる。

1）森・濱田松本法律事務所編『リーガル・トランスフォーメーション』（日本経済新聞出版、2022）74 頁。
2）ただし、輸入規制の下では、企業には、その規制が対象とする人権侵害を防止・軽減するインセンティブが生じない場合もあると考えられる。そもそも人権尊重の取組としては、前記 Chapter 6 ③ (1) (p.139) のとおり、人権侵害が既に発生している取引先との間においても直ちに取引を停止するのではなく、人権侵害が再発しないように働きかけることが大事であると考えられるが、輸入規制は、企業に対して、人権侵害を行うような取引先とは直ちに取引を停止するなど、そうした取引先と一切の関係を持たないようにするインセンティブを働かせるとも考えられるからである。

国名	法令名	概要
ド イ ツ	サプライチェーン法	一定規模以上の在独企業に対し、国内外の自社のサプライチェーンにおける人権・環境デュー・ディリジェンスの実施およびその内容等の開示を義務付ける。
英国	2015 年現代奴隷法	事業年度ごとに自身の事業およびサプライチェーンにおいて奴隷や人身取引の根絶のために実施した対策についての声明（文書）の開示を義務付ける。
フ ラ ン ス	注意義務法	サプライチェーンにおける人権および環境に関するデュー・ディリジェンスについて定めており、対象企業に対して、(a) 注意義務に関する計画の策定、(b) 当該計画の効果的実施、(c) 当該計画とその実施状況の開示を義務付ける。
オ ラ ン ダ	児童労働デュー・ディリジェンス法	児童労働を防止するために適切なサプライチェーン上のデュー・ディリジェンスの実施を義務付けるとともに、実施したことを示す表明文書の提出を義務付ける。
E U	企業サステナビリティ・デュー・ディリジェンス指令案 (CSDDD)	自社、子会社およびバリューチェーンにおける人権および環境のリスクに対するデュー・ディリジェンスの実施およびその内容等の開示を義務付ける。
	企業持続可能性報告指令 (CSRD)	2014 年の非財務情報開示指令（NFRD）により導入された非財務報告に関する既存の規制を強化するものであり、持続可能性（サステナビリティ）に関する事項（環境、社会、人権、ガバナンス）の報告を義務付ける。
	紛争鉱物規則	「紛争影響地域および高リスク地域」原産のスズ、タンタル、タングステンおよびそれらの鉱石ならびに金の EU の輸入者に対し、サプライチェーン・デュー・ディリジェンスの実施を義務付ける。

---

3) ドイツのサプライチェーン法、英国の 2015 年現代奴隷法、フランスの注意義務法、2010 年カリフォルニア州サプライチェーン透明法、オーストラリアの 2018 年現代奴隷法について、JETRO がウェブサイト上で各和訳を公表している。

国名	法令名	概要
	バッテリー規則	バッテリーの製造から再使用・リサイクルに至るバッテリーのライフサイクル全体を規制するに及ぶ包括的な規制であり、バッテリーを市場に流通させる企業等に対するバッテリー・デュー・ディリジェンス義務も規定している。
	森林破壊関連製品等に関する規則	「森林破壊フリー」（deforestation-free）等の一定の要件を満たさない限り対象製品のEU市場における流通やEU市場からの輸出を禁止するとともに、事業者に対して、EU市場での流通またはEU市場からの輸出前に、対象製品が森林破壊フリーであること等を確認するデュー・ディリジェンスの実施を義務付ける。
	強制労働関連製品上市禁止規則案	事業者が、強制労働を伴って製造された製品をEU市場においてその流通や消費のために提供することや輸出することを禁止する。
米国	1930年関税法	米国外で強制労働、児童労働等により全てまたは一部が採掘、生産または製造された産品の輸入を禁止する。
	ウイグル強制労働防止法	中国の新疆ウイグル自治区で全てまたは一部が採掘、生産または製造された産品の米国への輸入を、原則として禁止する。
	2010年カリフォルニア州サプライチェーン透明法	カリフォルニア州で事業を行う一定規模以上の製造業者または小売業者に対し、製品のサプライチェーンにおける人身取引および奴隷労働に関するリスクへの対処等についての開示を義務付ける。
	ドッド＝フランク法	2010年に成立した金融規制改革法（ドッド＝フランク法）の「紛争鉱物資源条項」は、コンゴ民主共和国および周辺国・地域で生産される紛争鉱物（Conflict minerals）を使った製品を生産する企業に対して、紛争鉱物について合理的な原産国調査を行うこと等を義務付ける。
カナダ	関税定率法	強制労働または児童労働によって全体的または部分的に採掘、製造、または生産された物品の輸入を禁止する[4]。

4）児童労働については、2023年5月に可決されたS-211法案の発効によって追加された（2024年1月発効）。

国名	法令名	概要
	サプライチェーンにおける強制労働および児童労働との闘いに関する法律	カナダ国内外で物品を生産・販売等している企業またはカナダ国外で生産された部品をカナダに輸入する企業等が一定の要件を満たす場合にカナダまたはカナダ国外での物品の生産過程において強制労働または児童労働が利用されるリスクを防止・提言するために実施した対応策を記載した年次報告書の提出を義務付ける。
オーストラリア	2018年現代奴隷法	オーストラリアに拠点を置く事業体またはオーストラリアにおいて事業を行っている事業体であって、1億豪ドルを超える年間連結収入を有する事業体に対して、その運営およびサプライチェーンにおける現代奴隷のリスク、ならびに当該リスクに対応する措置について年1回の監督官庁（連邦内務省）に対する報告を義務付ける。
スイス	紛争影響地域由来の鉱物・金属および児童労働に関するデュー・ディリジェンスおよび透明性法	紛争影響地域および高リスク地域からの鉱物・金属の調達や児童労働に関するサプライチェーン方針の策定やトレーサビリティ・システムの構築等を義務付ける。
ノルウェー	企業の透明性および基本的人権とディーセント・ワーク条件の取組に関する法律	一定の企業に対し、OECD多国籍企業行動指針に従ったデュー・ディリジェンスの実施等を義務付ける。

（出典）各種公表資料より作成

② 日本企業への影響

　日本企業またはそのグループ会社が各海外法令の適用を受けることも考えられ、その場合には、当然にそれら法令が定める義務を履行することになる。

　他方で、海外法令が適用されないとしても、以下のとおり、間接的にそうした法令の影響を受けることが考えられる（**図表11-3**）。

図表 11-3：日本企業への影響の例のイメージ

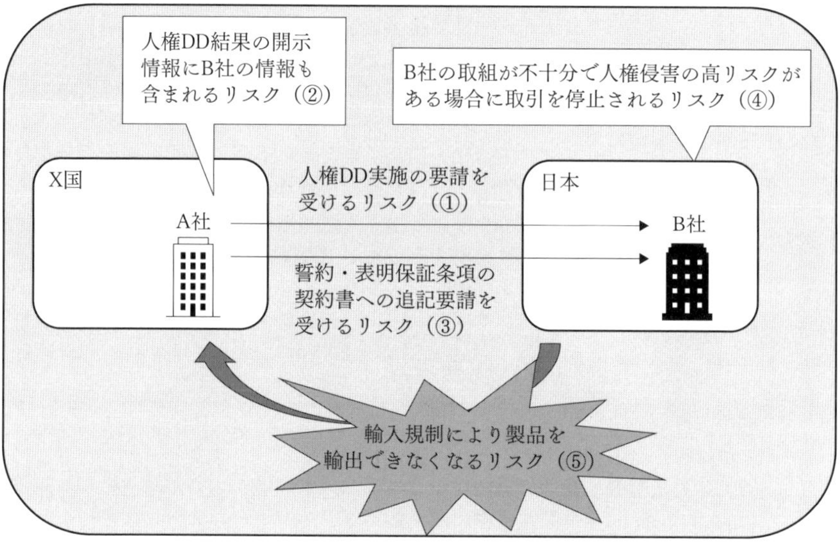

（出典）人権尊重ガイドライン添付「海外法制の概要」より作成

(1) 調査対象となるリスク（①）

　人権 DD アプローチを採用する法制度は、適用対象企業に（直接または間接に）人権 DD を実施する義務を課す。そして、人権 DD は、自社だけではなく取引先も対象とする性質のものであるところ、適用対象企業の取引先である日本国内の企業は、適用対象企業による人権 DD の対象となる。「人権 DD」の内容は各国の法令により定められるところ、人権だけではなく環境の視点が求められることもある。

　日本企業としては、たとえば、自社内における人権尊重の取組状況について回答を求められることや、自社（日本企業）のサプライチェーンについて人権DD を実施することを求められることも考えられる。

(2) 開示対象となるリスク（②）

　人権 DD アプローチを採用する法制度は、適用対象企業に対して、そのサプライチェーンにおける人権 DD の取組状況等の情報を開示することを求める。

そのため、その開示される情報の中身として、適用対象企業のサプライチェーンに含まれる日本企業が適用対象企業から要請を受けて提供した情報が含まれる可能性がある。

　人権 DD アプローチの下で企業に情報開示を義務付ける法令は、企業に取組状況等に関する情報を開示させ、その情報を社会からのチェックの目に晒すことによって、企業に対して人権 DD を促進させる目的を持つと考えられる。そうすると、適用対象企業が開示義務を履行した結果として、日本企業の取組状況がそうした批判を受けることになる可能性もある。

(3)　契約上の義務を課されるリスク（③）

　前記 Column「人権尊重の取組についての契約条項」（p.135）のとおり、自社のサプライチェーンにおける人権尊重の取組を確保する一つの有効な手段が、契約をもって直接の取引先に対して取組を義務付けるものである。

　そのため、たとえば、取引先から人権 DD の実施義務を課されたり、強制労働や児童労働といった人権侵害が存在しないことを表明保証することを求められたりする可能性がある。

(4)　取引を停止されるリスク（④）

　人権 DD アプローチを採用する法制度の中には、ドイツのサプライチェーン法をはじめ、違反企業に対して制裁を科すものもある。制裁を科されるリスクを可能な限り低くしたい適用対象企業は、そもそも人権 DD を実施しておらず深刻な人権侵害のリスクの大小を把握できない企業や、深刻な人権侵害に関与している可能性が高い企業とは、取引を回避したいと考えることも自然であろう。

　また、通商的アプローチを採用する法制度には、強制労働や児童労働に関連する製品の輸入を禁止するものがある。たとえば、米国企業は、米国のウイグル強制労働防止法の適用により米国への輸出を差し止められるリスクが高い企業とは、そもそも取引をしない方が自社（米国企業）のサプライチェーン確立にとって望ましいと考えることも合理的である。

　以上からすると、制裁リスクを可能な限り低減しておくことが望ましい企業にとっては、人権 DD を全く実施しておらず、深刻な人権侵害に関与している

可能性が判断できないまたは高いと考えられる企業は、取引先として選択されないことも考えられる。

(5) 輸出できなくなるリスク（⑤）

通商的アプローチを採用する法制の下では、一定の人権侵害に関連する製品であると判断された場合には、輸入差止めを受けることになる。製品の一部が強制労働によって生産等されている場合も対象になるため、自社が米国に輸出していなくても、自社の製品が含まれる完成品が米国に輸出されている場合、輸入差止めを通じて間接的に影響を受ける。このリスクは企業にとって非常に深刻であることが、後記 Column「ウイグル強制労働防止法の現在地」からも理解できる。

Column ウイグル強制労働防止法の現在地

2022年6月に全面施行されたウイグル強制労働防止法（「UFLPA」）は、適用対象となり得る多くの企業を悩ませている。同法は、関税法第307条と相まって、中国の新疆ウイグル自治区で全てまたは一部が採掘、生産または製造された産品の米国への輸入を原則として禁止している（図表11-4）。

CBP の統計によれば、2023年8月1日時点において、UFLPA の執行状況は**図表11-5**および**図表11-6**のとおりである。

米国当局（CBP）が公表しているデータを見るに、UFLPA の執行開始以降、2023年8月1日時点に至るまで、同法の執行が弱まっている傾向は見受けられない。今後も、米国は積極的な対応をしていく可能性があり、UFLPA の動向には留意が必要である。

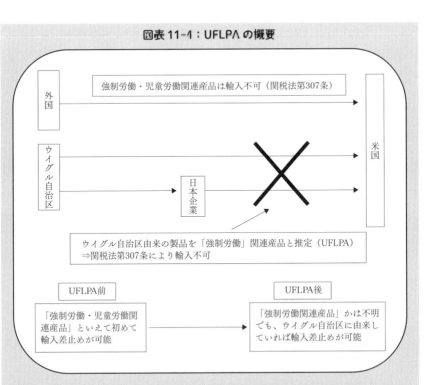

図表 11-1：UFLPA の概要

図表 11-5：UFLPA のレビューまたは執行の対象となった貨物
（2023 年 11 月 8 日時点）

製品	件数	金額
電子製品	2,800	$ 1,749,499,435
工業・製造業の原材料	1,065	$ 67,339,054
アパレル・履き物・生地	1,014	$ 45,538,220
農業・加工食品	344	$ 17,806,457
消費生活用品	319	$ 28,312,611
医療・健康・化学	246	$ 34,139,831
卑金属	239	$ 97,391,507
機械	176	$ 54,062,108
自動車・航空宇宙	58	$ 3,874,377

（出典）CBP ウェブサイト（英文）より作成

図表 11-6：UFLPA に基づく処分結果（2023 年 11 月 8 日時点）

	件数	金額
差止貨物	2,598	$ 560,898,399
保留貨物	983	$ 351,569,240
受入貨物	2,464	$ 1,183,495,961
合計	6,045	$ 2,095,963,600

（出典）CBP ウェブサイト（英文）より作成

③ 外国法令対応からの示唆

　前記①（p.201）のとおり、欧米を中心として「ビジネスと人権」に関して様々な法規制が検討・導入されてきており、それによって、**それぞれの法令が企業に義務付ける対応は、（異なる国の法令であるから当然であるが）それぞれに異なっている**。たとえば、EU 指令案（CSDDD）は、EU 加盟国に対して同指令案に従って国内法を制定することを求めるが、各加盟国の国内法の内容は異なり得る[5]。

　他方で、「ビジネスと人権」に関する法令の多くは、国連指導原則を踏まえて立案されていると考えられる。そのため、特に**人権尊重の取組の枠組み自体は国連指導原則と共通している**といえる（図表 11-7）。

　今後、自社が事業を行う地域で法規制が導入されるかどうか予測することは難しい。しかし、サプライチェーンが複層的に広がっている今日において、一切の「ビジネスと人権」の法令に関係なくビジネスを行うことは困難になりつつあるといえる。

　こうした状況を踏まえると、**仮に、現時点では自社がそうした法令の直接適用を受ける状況にはないとしても、今から、人権尊重ガイドライン・国連指導原則を踏まえて人権尊重の取組を進めておくことが、それら法制への対応の大きな基礎を**

---

5) EU 法において、規則（Regulations）は、EU 全体において適用される法的拘束力のあるルールである一方、指令（Directives）は、全ての EU 諸国が達成しなければならない目標を規定するものであり、目標達成の方法を定める各加盟国の国内法の立案は、各加盟国に委ねられている。

図表 11-7：人権尊重ガイドライン・国連指導原則との対応関係

人権尊重ガイドライン	国連指導原則		ドイツ・サプライチェーン法	EU 指令案（CSDDD）
人権方針	指導原則 16		人権戦略に関する方針書の策定（6 条）	DD 方針の策定（5 条）
負の影響の特定・評価	指導原則 17	指導原則 18	リスク分析（5 条）	負の影響の特定（6 条）
負の影響の防止・軽減		指導原則 19	予防措置（6 条）	潜在的な負の影響の防止（7 条）・実際の負の影響の停止（8 条）
取組の実効性の評価		指導原則 20	予防措置の有効性の確認（6 条）	取組の有効性のモニタリング（10 条）
説明・情報開示		指導原則 21	文書化および報告（8 条）	報告・開示（11 条）
救済	指導原則 22		是正措置（7 条）・苦情処理手続（8 条）	苦情手続（9 条）

築くことにつながるものと考えられる。

　自社に適用される法令の分析・法的義務の履行はもちろん必要であり、個別の法令の分析も求められる。しかし、**中長期的には、人権尊重ガイドライン・国連指導原則をベースに着実に取組を進めることこそ、バラバラに異なり得る法令の要請に効率よく応えていくことの近道になる**と考えられる。

Column

日本における人権 DD の法制化についての見通し

　日本においても、人権 DD 法制化についての議論が行われている。2022 年 2 月には、萩生田経済産業大臣（当時）が、人権 DD に関して、国際協調に関する議論など、国内外の動向を踏まえながら、将来的な法律の策定可能性も含めて、関係省庁とともにさらなる政策対応についても検討していくことを言及している。また、「人権外交を超党派で考える議員連盟」は、2023 年 5 月、企業に人権 DD を義務付けることを求める提言を政府に提出したと報道されている。

　他方で、人権 DD 法制化について日本政府の検討状況は不透明である。そも

そも、「『ビジネスと人権』に関する行動計画（2020－2025）」は外務省が取りまとめ、人権尊重ガイドラインは経済産業省が取りまとめたこと、法務省も独自の取組を行っていることなどからも示唆されるように、人権 DD の法制化をどの省庁が主体的に検討するべき立場にあるのかも現状では不透明であろう。また、人権 DD を法制化するべきという社会的なコンセンサスが形成されているかどうかも必ずしも明確ではない。そうすると、日本において今すぐに人権 DD の法制化が進むとまでは思われない。

　しかし、中長期的な視点では、法制化の可能性も否定できない。本 Chapter において紹介しているように、欧米を中心として法制化および法執行の動きが活発に進んでいる。米国においては UFLPA の執行も実際に活発に行われていることが見て取れる。また、2022 年 2 月に案文が公表されて以降注目されてきた EU 指令案（CSDDD）について、2023 年 12 月 14 日付けの欧州理事会のプレスリリースにおいて、欧州理事会（European Council）と欧州議会（European Parliament）とが暫定的な合意に達したことが公表され、今後の正式な採択を経て成立する公算が高まったことは[6]、気候変動等の環境に関するルール形成においても欧州が先行していることにも鑑みると、日本の関係者にも大きなインパクトを与えたものと思われる。日本政府も、人権尊重ガイドラインの策定にとどまらず、2023 年 4 月、政府調達において同ガイドラインを踏まえて取組を行う努力義務を企業に課すこと[7]を決定した。

　企業に対して人権尊重の取組を求める日本政府の姿勢は引き続き維持されており、今後の政府の動向に注意が必要である。

6）2024 年 2 月、複数の EU 加盟国が EU 指令案（CSDDD）に棄権や反対の意向を示していると報道されるなど、同案の成否は不透明になってきている。

7）「公共調達の入札説明書や契約書等において、「入札希望者／契約者は『責任あるサプライチェーン等における人権尊重のためのガイドライン』（令和 4 年 9 月 13 日ビジネスと人権に関する行動計画の実施に係る関係府省庁施策推進・連絡会議決定）を踏まえて人権尊重に取り組むよう努める。」旨の記載の導入を進める」ことが合意された。

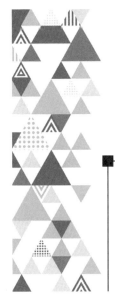

Chapter 12
実務上の悩みへの考え方

人権 DD の検討・実施の現場で、企業は様々な悩みに直面する。特に、リソースの制約は、企業の取組を制限する理由の大きな一つであり、中でも「どこまでやればよいか」という悩みは深い。「ビジネスと人権」の世界は特に、明確な線引きをすることが困難であったり適当でなかったりする。このような「ビジネスと人権」に顕著ともいえる悩みに、どのように向き合うことが適切だろうか。

Q1 全ての関係企業を人権 DD の対象にすることはできない。どう考えればよいか。

　人権尊重ガイドラインは、国連指導原則を踏まえ、自社・グループ会社およびサプライヤー等を対象範囲として、サプライヤー等には、サプライチェーン上の企業（下流も含む）とその他のビジネス上の関係先を含むとしている。

　現実に、国連指導原則や人権尊重ガイドラインが求める全範囲で人権 DD を実施できている企業は、世界を見渡しても存在しないといえるだろう。加えて、そもそも、前記 Column「間接的な取引先の把握のための方法」（p.91）のとおり、間接的な取引先について全て特定できないことが通常ともいえる。そうすると、「全ての関係企業を対象にできない」という懸念は合理的であり、自社・グループ会社およびサプライヤー等の文字どおり全てを対象として人権 DD を実施することは、あくまで最終的な目標と考えられる。以上を踏まえ、「全ての関係企業を対象にする」ことはいったん脇に置き、前記 Chapter 5 [1]（p.84）のとおり、「リスクが重大な事業領域」を特定し、まずはこの事業領域から取組に着手してみることが重要である。

　「リスクが重大な事業領域」の特定にあたっては、実務参照資料も参照しな

から自社内で検討することでよい。定量的にリスクの重大さを数値化することなどは容易でなく、必ずしも求められておらず、むしろ、自社の事業に精通した役職員間で議論をして考えることが大切である。

　全く見当がつかない場合等には、「ビジネスと人権」を取り扱う弁護士をはじめとする専門家と議論することも有用である（ただし、外部専門家は、自社の事業の詳細を把握しているわけではないことから、外部専門家に「検討を委ねる」のではなく、「共に議論する」姿勢が重要である）。

　「リスクが重大な事業領域」を特定すれば、自社の人的・経済的リソースも踏まえ、実際に取り組むべき内容が明らかになってくる。

Q2　何をどこまでやれば人権 DD として十分なのか。

　人権 DD として「十分」といえるためには「何をどこまでやればよいのか」。取組に真摯な担当者ほどこのような疑問を抱くと思われる。「ビジネスと人権」の世界で「十分」かどうかは、企業の人権尊重責任を定める国連指導原則や同原則に基づく人権尊重ガイドラインに照らして考えるべきであるところ、**人権DD として「国連指導原則に照らして十分」という状況に達することは考えがたいのが現実であろう。**

　前記 Chapter 2 ④ (p.43) のとおり、人権 DD を通じて対応することが求められる人権への負の影響は、①「引き起こす」(Cause)、②「助長する」(Contribute)、③「直接関連する」(Directly linked) の 3 類型であることなどから、取組の対象は非常に広範であり、「国連指導原則に照らして十分」という状態にたどり着くことは、考えがたいからである（その意味で、国連指導原則が示す範囲は、あくまで最終的な目標である）。

　そうであるとしても、「自社のような規模・業種の企業としてここまでやっていれば十分であろうか」という疑問は当然に生じ得る。これは、非常に難しい問いであり、それぞれの企業によって状況が様々に異なるものであるため、一律に妥当する基準や考慮要素を考えることは困難であり、個社の状況を踏まえて検討していく必要がある。

　しかし、あえて誤解を恐れずに踏み込むとするならば、**「リスクが重大な事業領域」について、（自社の規模に見合う）合理的な調査手法をもって特定することが**

できる深刻な負の影響について、実際に特定することができ、その防止・軽減に取り組むことができていれば、企業に期待される役割を合理的な程度に果たしているということができるのではないだろうか。

　ある企業が、全ての関係企業における自社と関係し得るあらゆる人権への負の影響を対象にして人権DDに取り組むことができないとしても、全ての企業がそれぞれ人権尊重責任を負うのであるから、それぞれがそれぞれの「リスクが重大な事業領域」に取り組むだけで、かなり広い範囲がカバーされるはずであると考えることは、許容されるのではないだろうか。

　そうすると、「リスクが重大な事業領域」における深刻な人権への負の影響に十分に取り組むことを当面の目標にすることが妥当と考えられる。

Q3　外部の専門家やコンサルティング業者に多額の費用を支払うことが難しい。自社だけで取組を完結させることはできるか。

　人権尊重の取組は、人権への負の影響の防止・軽減・救済を目的とするものである（人権尊重ガイドライン1.2項）。その目的の達成のために必須ではない外部の専門家やコンサルティング業者に高いコストを支払わないと適切な取組を行うことができないとすると、本末転倒である。

　そもそも、人権尊重の取組は、外部の専門家やコンサルティング業者が代わりに実施すべき性質のものではなく、それぞれの企業が自ら取り組むべきものである[1]。なぜならば、外部関係者は、「ビジネスと人権」に知見があるとしても、その関与は一時的なものにとどまり、日々の事業活動の中で人権尊重責任を果たしていくことはできないからである。

　もちろん、自社としての考え方や方針が人権尊重ガイドラインや国連指導原則を踏まえることができているかといった観点から、専門性を持つ外部関係者に助言を得ることは、自社が適切に人権尊重責任を果たすための取組を行えているかを確認し、取組を改善していく観点から有用と考えられる。

　他方で、たとえば、質問票調査を取引先に対して実施するにあたり、取引先の数から自社内部で対応することは困難であり、外部関係者に委託しないと対応が難しいという場面において、社内で対応できる範囲において対応するとい

1）「人権尊重についての企業の責任－解釈の手引き－」問33。

う選択肢も否定されるべきではない。

　社内リソースのみで実施しようとすると、外部関係者の助力を得ないで対応可能な範囲に取組の対象が限定されるが、いずれにせよ全ての範囲をカバーすることは困難であることから程度問題ではあり、前記 Chapter 5 ④ (p.105) の優先順位付けの考え方に沿って合理的な範囲で進めていくことでよいと考えられる。

Q4　人権 DD により確認された人権侵害事案を公表する方が経営リスクではないか。

　前記 Chapter 2 (p.14) のとおり、人権侵害の発生は、企業が人権尊重責任を十分に果たせていないことを意味しない。人権 DD が人権侵害の不存在を担保するものでないことから必ずしも、企業が①「引き起こす」(Cause)、②「助長する」(Contribute)、③「直接関連する」(Directly linked) の関係にある人権侵害を全て事前に防ぐことは現実的に困難である。

　もちろん、人権尊重に真摯に取り組まず、結果として深刻な人権侵害に関与してしまったとすれば、大きな非難に晒されるものと考えられる。人権尊重ガイドラインは、「仮に人権侵害の存在が特定された場合であっても、企業価値を減殺するものではなく、むしろ改善意欲があり透明性の高い企業として企業価値の向上に寄与するものであり、また、ステークホルダーから評価されるべきもの」としているが（同ガイドライン4.4項）、これは、日ごろから人権尊重について適切に取り組んでいる企業を念頭に置くものと考えられる。

　したがって、企業の人権尊重責任の存在から平時より適切な人権尊重の取組を行っていることを前提にすれば、人権侵害事案の発生およびそれへの対応等を公表することは、経営リスクを高めるものではなく、むしろ、人権尊重の取組を真摯に行っている企業として評価されるべきと考えられる。

　人権 DD により確認された問題点を公表する例とは逆に、人権 DD を実施したものの一切問題が確認されなかったという旨の開示も見られる。人権侵害リスクと無関係な企業は存在しないことを踏まえると（日本政府ガイドライン2.2.2項）、人権 DD の結果何ら問題が見つからなかった場合には、人権 DD の内容の十分性や手法の適切性が疑われ得るとも考えられ、留意が必要である。

Q5 サプライヤーにおける人権侵害について、なぜ当社が救済を実施すべきなのか。

企業の人権尊重責任は、サプライヤーにおける人権侵害について自社が常に救済を実施すべきであることは求めていない。人権侵害について救済を提供する責任は、その人権侵害を引き起こし、または、助長した企業が負うものである。したがって、一般的に取引先における人権侵害は、自社が引き起こしまたは助長しておらず、企業の事業等と直接関連しているのみであるというケースも少なくないと考えられるが、そうしたケースにおいては、人権侵害を引き起こしまたは助長した他企業が救済の責任を負うのであって、自社は救済に向けて協力をすべきことに留まる。

他方で、サプライヤーにおける人権侵害であっても、自社が助長している場合には、救済を提供する必要がある。そうした場面において、その人権侵害がサプライヤーで発生したものであっても自社が救済を実施すべきと考えられるのはなぜか。この問いに対しては様々な回答が考えられるが、一つは、いわゆる「報償責任」、すなわち、「利益を得る者が損失も負担すべき」という考え方があるだろう。サプライヤーにおける人権侵害を引き起こしまたは助長した企業は、その人権侵害の存在を前提に、そのサプライヤーから供給を受ける製品・サービスを販売して利益を得ているとも考えられる（たとえば、児童労働によってより安くサプライヤーから原材料を仕入れることができていたかもしれない）。そうであれば、人権侵害の存在を前提に利益を得ていると評価され、かつ、人権侵害を少なくとも助長しているといえる程度に責任がある企業が、人権侵害による損失を負担する（救済を提供する）のが妥当であるとも考えられる。

Q6 人権DDに際して、ステークホルダーとの対話（ステークホルダー・エンゲージメント）として、実施すべきことは何か。

ステークホルダーとの対話（ステークホルダー・エンゲージメント）は、人権尊重の取組のあらゆる場面で実施することができるものであり、「何を実施すればよいかわからない」との疑問を抱きがちなところである。このような疑問は、ステークホルダーとの対話に限られるものではない。たとえば、人権への負の影響の有無・内容を調査するにあたってどのような手法をとるべきか、で

ある。全ての手法を用いればより精度が高まるかもしれないが、その分の事務的・経済的コストは上昇する。

「どの方法も取り得るが、全ての方法で対応することはできない。どの方法を選べばよいのだろうか」。そう思ったときには、人権尊重の目的に立ち戻って考えてみることが大事である。

すなわち、人権尊重の取組は、人権への負の影響を防止・軽減し、実際に発生してしまった人権侵害に救済を提供することを目的とするものである。そうであるとすれば、その目的を達するために最も重要なステークホルダーとの対話から実施していくべきことになるだろう。言い換えれば、ライツホルダー（自らの人権に負の影響を受けまたは受ける可能性がある者）との対話を重視することである。

より具体的には、重要と考える人権課題・地域等の範囲を調査する際には、人権への（深刻な）負の影響を受けるまたはその可能性がある人々と対話をし、①どのような状況・場面において人権侵害が発生するか、②どのような予防策が有効であると考えられるかについて意見交換を行うことである。

もちろん、全てのライツホルダーと対話を行うことは現実的ではないだろう。しかし、こうした対話を通して、自らの人権を侵害されている（または侵害される可能性がある）わけではない企業サイドからは見えづらい視点や課題を理解できる。ライツホルダーの視点を自社の人権DDに組み込んでいくことで、より実効的に負の影響を防止・軽減していくことが可能になるものと考えられる。

 苦情処理メカニズムは、自社の全ての事業を対象にする必要があるか。

苦情処理メカニズムは、企業とそのステークホルダーに関わる苦情や紛争に取り組む一連の仕組みであるところ（人権尊重ガイドライン5.1項）、苦情等の原因である人権への負の影響は、自社のあらゆる事業において生じ得る。そのため、自社の全ての事業を対象とすることが望ましく、したがって、全ての事業において負の影響を受け得るステークホルダーが利用できるものであることが適切である（人権尊重ガイドラインQ&A 14番）。

しかし、以上の理解を前提とする苦情処理メカニズムを構築しようとすると、

その対象は極めて広範になり得、人的・経済的リソースの有限性を踏まえると、そうした苦情処理メカニズムの構築・運営は現実的には容易ではない可能性がある。かえって、全ての事業を対象とする苦情処理メカニズムを設置したものの、寄せられた苦情に適切に対応することができないという可能性もあり、そのような事態は本末転倒であるともいえる。そうすると、むしろ、対象場面を限定しても実効性のある苦情処理メカニズムを構築・運営していくことの方が、救済へのアクセスを確保する目的との関係で適切とも考えられる。

　以上を踏まえ、苦情処理メカニズムの構築・運営にあたっても、優先順位付けの発想を活用するべきであると考えられる。すなわち、より深刻な人権侵害がより生じ得る事業やプロジェクト等から優先して、当該事業やプロジェクト等の関係者に利用対象者を限定した苦情処理メカニズムを設置・運営していくことも、人権尊重ガイドライン・国連指導原則に照らして適切と評価し得ると考えられる。

「ビジネスと人権」は、日本では比較的新しいテーマと捉えられることがあるが、長期にわたって世界中で議論されてきた。「ビジネスと人権」に関する主な出来事を年表として整理するとともに、取組にあたって参照することが考えられる文献を整理している。

「ビジネスと人権」に関する主な動向・取組

年／組織		概要
1948	国連総会	世界人権宣言を採択。
1966	国連総会	社会権規約（経済的、社会的および文化的権利に関する国際規約）および自由権規約（市民的および政治的権利に関する国際規約）を採択。
1976	OECD	行動指針参加国の多国籍企業に対して、企業に対して期待される責任ある行動を自主的にとるよう勧告するための OECD 多国籍企業行動指針を策定。
1977	ILO	社会政策と包摂的で責任ある持続可能なビジネス慣行に関して、企業に直接の指針を示した文書である、多国籍企業および社会政策に関する原則の三者宣言（ILO 多国籍企業宣言）を策定。
1998	ILO	「労働における基本的原則および権利に関する ILO 宣言」を採択。ILO 加盟国は、労働における基本的原則および権利（結社の自由および団体交渉権の効果的な承認、強制労働の廃止、児童労働の撤廃、雇用および職業における差別の排除）の尊重、促進、実現に向けた義務を負うとし、対応する 8 つの基本条約を未批准の場合でも、この原則の推進に向けて努めるべきとした。
1999	国連	国連グローバル・コンパクトを提唱（2000 年に正式発足）。その会員企業は、人権・労働・環境・腐敗防止の 4 分野において合計・10 の原則に賛同し、その実現に向けて努力を継続することが求められる。
2003	国連人権促進保護小委員会	超国家企業その他のビジネス活動の人権に関する規範をその上部機関である国連人権委員会に提出。「諸国家が条約を批准することによって受け入れてきたのと同様の人権上の義務を、企業に対してもその「影響力を及ぼす領域」の範囲内で課そうとするもの」であった同規範について、人権委

年／組織		概要
		員会は何ら行動を起こさなかった[1]。
2005	国連人権委員会	第69回国連人権委員会において、人権、多国籍企業、およびその他の企業活動に関する特別代表として、ハーバード大学ケネディ・スクールのジョン・ラギー教授を任命。同教授の任務の内容は、「人権に関連した企業の説明責任の基準を確認し明らかにすること」とされた。
2006	国連総会	国連人権理事会を設置[2]。
	PRI	国連環境計画・金融イニシアチブ（UNEP FI）および国連グローバル・コンパクトと連携した投資家イニシアチブであるPRI（Principles for Responsible Investment）が発足。
2008	国連人権理事会	第8回国連人権理事会において、ラギー特別代表が提出した「保護、尊重および救済の枠組み」を歓迎（welcome）。 同枠組では、多国籍企業と人権との関係を、（ア）人権を守る国家の義務、（イ）人権を尊重する企業の責任、（ウ）救済措置へのアクセスの3つの柱に分類し、企業活動が人権に与える影響に係る「国家の義務」および「企業の責任」を明確にすると同時に、被害者が効果的な救済を得るメカニズムの重要性を強調し、各主体が、それぞれの義務・責任を遂行すべき具体的な分野および事例を挙げた。
2010	米国	ドッド＝フランク・ウォールストリート改革および消費者保護法を制定。
	米国加州	2010年カリフォルニア州サプライチェーン透明法を制定。
	国際標準化機構	ISO26000（社会的責任に関する手引き）を発行。
2011	国連人権理事会	第17回国連人権理事会において、ラギー特別代表が「保護、尊重および救済の枠組み」を運用するために提出した「ビジネスと人権に関する指導原則：国際連合『保護．尊重および救済』枠組実施のために」を全会一致で支持。

---

1) ラギー・Chapter 1注3）3頁。
2) 国連における人権の主流化の流れの中で、国連として人権問題への対処能力強化のため、従来の人権委員会に替えて新たに設置された（外務省ウェブサイト）。

年／組織		概要
	OECD	OECD 多国籍企業行動指針を改訂。企業には人権を尊重する責任があるという内容の人権に関する章の新設や、リスク管理の一環として、企業は自企業が引き起こすまたは一因となる実際のおよび潜在的な悪影響を特定し、防止し、緩和するため、リスクに基づいたデュー・ディリジェンスを実施すべき等の規定が新たに盛り込まれた。
2015	国連サミット	持続可能な開発のための 2030 アジェンダを採択。
	G7	「2015　G7 エルマウ・サミット首脳宣言」を採択。「我々は、国連ビジネスと人権に関する指導原則を強く支持し、実質的な国別行動計画を策定する努力を歓迎する。我々は、国連の指導原則に沿って、民間部門が人権に関するデュー・ディリジェンスを履行することを要請する。我々は、透明性の向上、リスクの特定と予防の促進及び苦情処理メカニズムの強化によってより良い労働条件を促進するために行動する。」との文言が盛り込まれた。
	英国	2015 年現代奴隷法を制定。
2017	ILO	ILO 多国籍企業宣言を改訂し、「ビジネスと人権に関する指導原則：国際連合『保護、尊重および救済』枠組実施のために」と足並みを揃え、多国籍企業宣言の目標達成に向けて異なる主体が果たすべきそれぞれの役割の概要にも言及。
	フランス	注意義務法を制定。
	G20	「G20 ハンブルク首脳宣言」を採択。「我々は、労働、社会及び環境上の基準の実施の促進並びに国連ビジネスと人権に関する指導原則や ILO の多国籍企業及び社会政策に関する原則の三者宣言のような国際的に認識された枠組みに沿った人権の促進にコミットする。OECD 多国籍企業行動指針を遵守している国は、同指針を促進することにもコミットし、他国が後に続くことを歓迎する。我々は、自国において、ビジネスと人権に関する国別行動計画のような適切な政策枠組みを構築するよう取り組むとともに、企業がデュー・ディリジェンスを払う責任を強調する」との文言が盛り込まれた。

年／組織		概要
	OECD	「責任ある企業行動のための OECD デューデリジェンス・ガイダンス」を公表。
2019	オーストラリア	現代奴隷法を施行。
	オランダ	児童労働デュー・ディリジェンス法を制定。
2020	日本	「『ビジネスと人権』に関する行動計画（2020 – 2025)」を策定。
2021	ドイツ	サプライチェーン法を制定。
2022	EU	EU 指令案（CSDDD）を公表。
	ニュージーランド	デュー・ディリジェンスの実施や開示等の法制化に関するパブリックコンサルテーションを実施。
	日本	責任あるサプライチェーン等における人権尊重のためのガイドラインを策定。
2023	日本	日本政府、政府調達において「責任あるサプライチェーン等における人権尊重のためのガイドライン」に沿って取り組むことを要請する方針を合意。 経済産業省、「責任あるサプライチェーン等における人権尊重のための実務参照資料」を策定。 農林水産省、「食品産業向けの『ビジネスと人権』に係る手引き」を策定。
	カナダ	サプライチェーンにおける強制労働および児童労働との闘いに関する法律を制定。
	OECD	OECD 多国籍企業行動指針を改訂。
	EU	EU 指令案（CSDDD)について、欧州理事会・欧州議会が暫定合意。

関連文献一覧

	文書名	概要
	\multicolumn{国際機関}	
1.	国連指導原則（国連）	国家の人権保護義務とともに、企業の人権尊重責任を明記した、「ビジネスと人権」に関する最も重要な国際的な枠組みの一つであり、多くの国・企業等が参照している。
2.	人権尊重についての企業の責任－解釈の手引き－（OHCHR）	指導原則の意味および意図の完全な理解を助けるために、指導原則に追加的な背景説明を加える目的で作成された文書であり、国連指導原則の理解に役立つ。
3.	国連の「ビジネスと人権に関する指導原則」に関するよくある質問～企業の尊重責任～（国連・OHCHR）	国連指導原則に関するQ&Aであり、同指導原則を理解するための基本的な理解に関する9つの質問と回答を掲載している。
4.	国際人権章典	企業が尊重することを求められる「国際的に認められた人権」を構成する最低限の人権が列記された国際文書である。
5.	責任ある企業行動のためのOECDデュー・ディリジェンス・ガイダンス（OECD）	OECD多国籍企業行動指針に基づいて作成された、デュー・ディリジェンスのための実務的・業界横断的なガイダンス。日本政府の人権尊重ガイドラインも同ガイダンスを踏まえている。
6.	OECD衣類・履物セクターにおける責任あるサプライチェーンのためのデュー・デリジェンス・ガイダンス（OECD）	業界横断的なデュー・ディリジェンス・ガイダンスと異なり、特定のセクターに着目したデュー・ディリジェンスのための実務的なガイダンスであり、取組に際して参考になる。 なお、和訳が公表されているものは、和訳の文書名を記載している。
7.	OECD紛争地域および高リスク地域からの鉱物の責任あるサプライチェーンのためのデュー・ディリジェンス・ガイダンス第三版（OECD）	

	文書名	概要
8.	Practical actions for companies to identify and address the worst forms of child labour in mineral supply chains（OECD）	
9.	責任ある農業サプライチェーンのための OECD–FAO ガイダンス（OECD）	
10.	責任ある企業融資と証券引受のためのデュー・ディリジェンス OECD 多国籍企業行動指針を実施する銀行等のための主な考慮事項（OECD）	
11.	OECD Due Diligence Guidance for Meaningful Stakeholder Engagement in the Extractive Sector（OECD）	
12.	Children's Rights and Business Atlas（UNICEF 等）	児童労働に関するリスクが国ごとで記載されている資料。人権尊重実務資料が同資料の記載するインデックスを紹介するとともに、その活用の前提となる情報の仮訳を記載している。
13.	紛争等の影響を受ける地域でのビジネスにおける人権デュー・ディリジェンスの強化 手引書（UNDP）	「紛争等の影響を受ける地域」における「強化された人権 DD」の詳細について言及している。
14.	研修進行ガイド人権デュー・ディリジェンス（UNDP）	人権 DD について、基本的な考え方から解説している。
15.	東京 2020 大会パートナー企業ディーセント・ワーク推進に関する取組事例集（ILO）	東京オリンピック・パラリンピック競技大会（東京 2020 大会）のパートナー企業の社会的責任ある労働慣行に関する企業の取組事例を紹介しており、優れた取組方法の例として参考になる。

	文書名	概要
16.	「東京 2020 大会パートナー企業ディーセント・ワーク推進に関する取組事例集」解説書	「東京 2020 大会パートナー企業ディーセント・ワーク推進に関する取組事例集」のポイントを紹介する資料であり、同取組事例集を理解する際に参考になる。
日本政府		
1.	責任あるサプライチェーン等における人権尊重のためのガイドライン（日本政府）	日本政府が、国連指導原則をはじめとする国際スタンダードを踏まえて策定した、企業の人権尊重の取組のためのガイドライン。
2.	責任あるサプライチェーン等における人権尊重のための実務参照資料（経済産業省）	経済産業省が、人権尊重ガイドラインの実践に取り組む企業の実務担当者向けに作成した資料であり、取組の際に参考になる。
3.	「ビジネスと人権」に関する取組事例集～「ビジネスと人権の指導原則」に基づく取組の浸透・定着に向けて～（外務省）	「ビジネスと人権」に関する様々な企業の取組について、外務省が委託して作成した事例集であり、取組の具体的なイメージを持つために有用である。
4.	今企業に求められる「ビジネスと人権」への対応（法務省）	企業による人権尊重の取組の必要性から実際の取組事例まで幅広く説明する法務省の資料であり、特に人権についての具体的なイメージを持つために有用である。
5.	食品産業向けの「ビジネスと人権」に係る手引き（農林水産省）	主に食品製造業者が人権尊重ガイドラインの内容に実際に取り組む際の参考として作成された資料であり、取組の際に参考になる。
その他		
1.	国連指導原則報告フレームワーク実施要領（人権報告と保証（アシュアランス）のフレームワーク・イニシアチブ）	国連指導原則を踏まえて企業の人権尊重の取組について情報公開を行う際の包括的なガイダンスであり、開示内容を検討する際に参考になる。

	文書名	概要
2.	人権の解釈 2.0 企業活動の指針（モナシュ大学 Castan Centre for Human Rights Law・国連人権高等弁務官事務所・国際連合グローバル・コンパクト）	「国際的に認められた人権」の一部を構成する自由権規約および社会権規約について解説しており、それらの理解を深めるために役立つ。
3.	HUMAN RIGHTS IMPACT ASSESSMENT GUIDANCE AND TOOLBOX（The Danish Institute for Human Rights）	「ビジネスと人権」分野において著名な機関の一つであるデンマーク人権研究所が策定した、人権 DD 実施のためのガイダンスである。
4.	Global Slavery Index	ウォーク・フリー財団（WALK FREE FOUNDATION）が発行している報告書であり、国別の現代奴隷制への脆弱性を示しているなど、現代奴隷リスクを検討するにあたって参考になる。
5.	責任ある企業行動ガイドライン～サプライチェーンにおける責任ある企業行動推進のために～（電子情報技術産業協会）	電子情報技術産業協会が策定した、第 1 部「行動規範」および第 2 部「管理体制の構築」から構成されるガイドラインである。
6.	責任ある企業行動ガイドライン 自己評価シート（電子情報技術産業協会）	電磁情報技術産業協会の「責任ある企業行動ガイドライン」を実践するための手段としての自己評価シート（Self-Assessment Questionnaire）の例である。
7.	人権を尊重する経営のためのハンドブック（日本経済団体連合会）	企業の人権尊重責任の内容やその実践方法の例を日本経済団体連合会がまとめた資料であり、同会員の実例が豊富に紹介されている。
8.	繊維産業における責任ある企業行動ガイドライン（日本繊維産業連盟）	2022 年 7 月に日本繊維産業連盟が策定した、繊維産業における企業の人権尊重のためのガイドラインであり、特に労働問題に焦点を当てている。

	文書名	概要
9.	チェック項目例とリスク発見時の対処法の例について（日本繊維産業連盟）	日本繊維産業連盟が策定したガイドラインの別冊として策定された資料であり、具体的な人権侵害リスクの特定・評価等に使用できる質問票の例のほか、実際にリスクが特定された場合の対応方法の例を解説している。
10.	人権デュー・ディリジェンスのためのガイダンス（手引）（日本弁護士連合会）	日本弁護士連合会がまとめた人権デュー・ディリジェンスのための手引き。前記 Column「人権尊重の取組についての契約条項」（p.135）で紹介した CSR 条項は同手引きから抜粋している。

あ と が き

　本書では、人権尊重ガイドラインや国連指導原則に沿って、人権尊重の取組について解説してきた。やや逆説的ではあるが、本書の大部分を占める取組の方法論は、あくまでも人権を尊重する（人権を侵害しない）という目的を達成するための手段に過ぎない。目的と手段の関係でいえば、比べるまでもなく目的が重要である。誤解を恐れずに極論すれば、人権尊重ガイドラインや国連指導原則と整合していなくても、人権を尊重できているのであれば、そうした取組が批判されるべきではない。

　もちろん、本書で述べてきたことが無駄であると申し上げるつもりは全くない。なぜならば、広く受け入れられている国連指導原則およびそれに基づく人権尊重ガイドラインに沿って取り組むことで、企業は人権尊重責任を果たすことができるからである。ここで申し上げたいことは、**方法の正確性に過度に拘泥する必要はない**ということである。

　筆者は、幸運にも、弁護士または公務員として、「ビジネスと人権」に取り組む多数の方々からお話を伺う機会を得てきた。そうした中で、自社の取組の「正しさ」を気にされる声も少なくなかった。しかし、以上に述べてきたように、負の影響の防止・軽減に貢献するための一歩こそが極めて重要であり、方法論の正確性は相対的に重要な問題ではない（そのような悩みを吐露される方の検討は、方法論としても適切なことが多い）。

　日本企業は、人権尊重の取組が欧米に比べて遅れているとも指摘される。国際的なベンチマークの評価等を踏まえたそうした指摘は、一面では事実を捉えているだろう。しかし、これまで述べてきたように人権尊重の取組は非常に多種多様であり得、多数の異なる企業の取組を完全に公正な基準で評価することはそもそも困難である。

　日本社会の中で、欧米と比べて不利な側面があるとすれば、その一つは、「正解」や「完璧」を志向する傾向の強さにあるのではないか。繰り返しになるが、唯一の「正解」や「完璧」は存在しない。これらを正面から受け入れて、人権尊重ガイドラインや国連指導原則を参照しながらも、「人権尊重」という目的に照らして「適切」とそれぞれが考える対応を行い、対外的に説明・情報

開示を行っていくことこそが本質的に重要なはずである。

　必ずしも「正解」ではないかもしれない。「完璧」にはほど遠いかもしれない。多くの実務担当者が、そうした懸念を抱えながらも着実な一歩を進めていることに、敬意を表したい。本書が、わずかであっても、そうした取組の支えとなることがあれば、望外の喜びである。

　「人権」とは、「全ての人々が生命と自由を確保し、幸福を追求する権利であって、人間が人間らしく生きる権利であるとともに、生まれながらに持つ権利」とされる（人権尊重ガイドライン1項）。しかし、世界は平等ではない。生まれながらに持つはずの権利を、生まれながらに享受できない人々がいる。人権尊重の取組は、世の中に蔓延する不平等を是正していくための一歩でもある。

　私自身、社会から与えられた沢山の偶然を得て、本書を書くことができている。世界を見渡せば、このこと自体が既に極めて恵まれている。この幸運に改めて深く感謝をしながら、本書を、自らが受けた幸運を社会に還していく第一歩としたい。

2024年3月

塚田　智宏

事項索引

著者略歴

塚 田 智 宏（つかだ　ちひろ）

弁護士、米国ニューヨーク州弁護士、米国公認会計士（ワシントン州）。

2015年1月に森・濱田松本法律事務所に入所し、以降、主に危機管理・コンプライアンス案件に従事し、企業の存続をも揺るがす深刻な不正・不祥事の現場の最前線で対応してきた経験を持つ。

2022年4月より、経済産業省大臣官房 ビジネス・人権政策調整室（および通商政策局デジタル通商ルール室）に室長補佐として赴任し、「ビジネスと人権」分野において日本政府が初めて策定したガイドラインである「責任あるサプライチェーン等における人権尊重のためのガイドライン」や、経済産業省が策定した「責任あるサプライチェーン等における人権尊重のための実務参照資料」の立案に従事。2023年9月より森・濱田松本法律事務所に復帰。

弁護士登録当初より、高校・大学や児童養護施設等における法教育を中心とするプロボノ活動に積極的に取り組んでいる。2009年渋谷教育学園幕張高等学校、2013年慶應義塾大学法学部法律学科卒業。2020年米国ペンシルベニア大学ロースクール修了（LL.M.）。同ロースクールでは、LL.M. クラスの President（学生代表）として、学校運営にも関与。

「ビジネスと人権」に関する近著に、経済産業省赴任時に寄稿した「『責任あるサプライチェーン等における人権尊重のためのガイドライン』の概要」（NBL1231号）および「『責任あるサプライチェーン等における人権尊重のための実務参照資料』の概要」（NBL1242号）等がある。

「ビジネスと人権」
──基本から実践まで

2024 年 4 月 11 日　初版第 1 刷発行

著　　者　　塚　田　智　宏

発 行 者　　石　川　雅　規

発 行 所　　株式会社 商 事 法 務
　　　　　　〒103-0027 東京都中央区日本橋 3-6-2
　　　　　　TEL 03-6262-6756・FAX 03-6262-6804〔営業〕
　　　　　　TEL 03-6262-6769〔編集〕
　　　　　　https://www.shojihomu.co.jp/